청와대
　　사람들

스물다섯 번 계절이 바뀌고
세 번의 정권을 지난다.
같은 자리에 남아 있던 한 사람이 기억하는
청와대의 풍경과 사람들에 대한 이야기.

CONTENTS

· 1부 ·

1장. 청와대로 출근합니다

얼굴이 출입증입니다 · 013
감시와 보호 사이, 걸어 다니는 감시카메라 · 016
여기가 사무실이라고요? · 019
청와대에서 가장 무해한 방 · 022
업무용 폰이 2G라니 · 028
백화점 느낌의 도라지를 찾아서 · 032

2장. 청와대 사람들

청와대에도 사람 살아요 · 039
국가의 옷을 다림질하는 사람 · 042
대통령의 얼굴을 기록하는 사람 · 045
계절을 배치하는 사람 · 048
한 나라의 첫인사, 그림을 거는 사람 · 052
나도 모르게 닮아간 사람 · 056
누군가는 하고 있었다 · 063

3장. 점심이 온다, 청와대에도

대통령이 밥 드신대요! · 069
계절보다 빠른 식단 · 073
TV 속 그가 식판 앞에 있었다 · 079
청와대라는 섬에서 배달 음식을 기다린다는 것 · 082
점심시간 눈치게임 · 086
고등어 같은 날, 임연수 같은 날 · 090
괜찮지 않은 걸 먹었을 때, 괜찮은 걸 먹었을 때 · 094
출입증을 벗고 반대 방향으로 걷는 용기 · 099

4장. 청와대 직장인의 기쁨과 슬픔

청와대의 아름다운 공간들 · 105
광화문역 직장인의 평균적인 샴푸 냄새 · 114
핑크 원피스는 오늘도 옷장 속에 · 117
출입증 바깥의 사람들 · 123
대통령비서실 도장이 찍힌 요리책 · 127
너무 크면 사라지는 말들 · 132
점심시간에만 열리는 방 · 137
알보 몬스테라에게 길들여지는 중입니다 · 142

· 2부 ·

5장. **개방된 청와대, 남겨진 사람들**

5월 9일과 10일, 하루 만에 바뀐 것 · 153
초소 근무자에게 팔짱 낀 손 · 157
낙하산이겠지, 너 그거 팔자야 · 161
당신은 청와대가 아닙니다 · 166
나는 청와대가 아닙니다, 정말로요 · 172
챗GPT와의 낯선 연애 · 176
남들 다 하는데 나는 못 하는 세 가지 · 182
청와대 고양이 길로 퇴근합니다 · 187

6장. **청와대를 지켜온 것들**

청와대의 파쇄기 소리 · 197
30년 된 빈티지 공용 우산 · 199
버리지 못한 편지들 · 202
어공의 화이트보드 · 205
대통령이 바뀌어도 남아 있는 존재들 · 208

에필로그: 기록은 스스로 쓰일 자리를 찾아온다 · 212

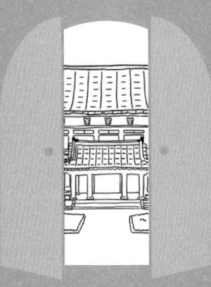

1부

1장

청와대로 출근합니다

얼굴이
출입증입니다

🌰 당신이 누구인지, 얼굴로 기억합니다

"출입증 사진, 다시 찍으셔야 합니다."

청와대 출근 첫날, 처음 들은 말이었다. 출입증 발급 창구 앞에서 아직 서류 봉투도 열지 못한 채였다.

"왜요?"
"그 사진으론 안 됩니다."

여긴 다른 규칙이 작동하는 곳이었다. 이곳에서 가장 먼저 승인받아야 하는 건 직책도 경력도 아니었다. 얼굴이었다. 청와대 출입 절차는 늘 같은 순서로 이뤄졌다. 눈으로 한 번, 출입증으로 한 번, 보안 검색대에서 다시 한 번, 삼중 확인. 그중에서도 가장 먼저 작동하는 건 '사람'의 눈이었다. 출입문을 지나려면 반드시 한 번의 시선과 두 번의 기계 소리를 통과해야 했다.

안내과에서는 "어서 오세요" 같은 말은 하지 않았다. 말 대신 눈으로 사람을 맞는 곳이었다. 단 1초, 한 번의 스캔으로 신원을 파악했다.
'누구누구 비서관, 누구누구 행정관, 어느 팀 직원.'

얼굴이 출입증이었다. 안내과 직원들은 모든 비서실 직원 얼굴을 외운다고 했다. 처음엔 농담인 줄 알았다. 하지만 마스크를 써서 눈만 보였을 때도 그 직원은 정면에서 정확히 내 이름을 불렀다. 그 순간 깨달았다. 이곳은 '얼굴이 익숙해야 통과되는 곳'이라는 사실을.

출입문을 지나면 또 하나의 관문이 나타났다. 청와대 보안 검색대는 일반 검색대와 달랐다. 국가 기밀과 물리적 경계를 동시에 통과하는 장치. 가방을 올리고, 금속탐지기를 통과하고, 직원 앞에 선다. 삐 소리가 나면 다시 뒤로 돌아가야 한다. 매일 반복되는 절차였지만, 그 순간만큼은 약간 긴장됐다.

청와대 출입은 단순한 '출근' 개념을 넘어선다. 보통 출입증을 찍는 건 출근을 기록하는 용도지만, 이곳에선 '당신이 누구인지' 계속해서 확인받는 절차였다. 나는 매일 '국가의 집' 안으로 들어가는 사람이었다. 내 얼굴을 기억해 주는 누군가가 있다는 기분. 사소한 일이지만, 청와대라는 공간을 '직장'이 아니라 '임무'처럼 느끼게 했다.

얼굴이 출입의 기준이 된다는 것에 익숙해질 무렵, 알게 됐다. 얼굴을 기억하는 시선은 단순한 확인이 아니라 보호의 다른 이름이라는 것을.

감시와 보호 사이,
걸어 다니는 감시카메라

🌳 안다는 건 지킨다는 뜻

점심시간이 막 끝날 무렵이었다. 정문 앞 초소 101경비단과의 거리는 약 100미터. 출입증도 보이지 않을 거리였다. 그날 오후, 경비단원이 말을 걸었다.

"아까 점심 드시고 돌아가시던 거 맞죠?"

나는 놀라 되물었다.
"그 거리에서 절 알아보셨어요?"

그는 아무렇지 않게 대답했다.

"우린 다 알아봐요. 사람 얼굴은 당연히 다 외워야 하고요. 먼 거리에서도 알아봅니다. 그게 제 일이니까요."

101경비단은 청와대 출입을 통제하고 경호와 경비를 맡으며 안전을 책임진다. 국가 원수를 지키기 위해 '100%의 경계 위에 1%의 완벽을 더한다'는 말이 그들을 설명한다.

경비단은 내 이름은 몰라도 나의 얼굴, 걷는 속도, 전체적인 분위기를 안다. 이곳에서 '안다'는 건 '지킨다'는 뜻이었다. 밖에서의 시선은 나를 긴장하게 만들었지만, 청와대 안에선 반대였다. 나는 늘 누군가의 눈길 속에서 움직였고, 어느 순간 시선이 보호처럼 느껴졌다. 출입증을 찍는 건 형식이었고 시선은 일종의 승인, 무언의 환영 같았다.

'당신이 누구인지 우리는 알고 있습니다. 그러니 들어

오셔도 됩니다.'

말 대신 눈빛이 그렇게 말했다. 어느 순간부터 매일 그 시선에 적응하게 됐다.

청와대는 모든 이동 동선이 통제된 구조였다. 101경비단은 빈틈없이 배치됐다. 내부에는 수백 개의 CCTV가 24시간 돌아갔다. 그중 일부는 사람의 눈이었다. 단 한 번의 실수도 용납되지 않는, 지속적인 주시와 판단. 그 긴장 속에서 누군가는 내 존재를 기억했다.

청와대 안으로 들어오는 건 가장 안전한 품으로 들어온다는 뜻이었다. 내가 누군가에게 보호받는 사람이 된다는 감각. 보이지 않는 곳에서 일했지만 누군가는 늘 나를 보고 있었다. 101경비단은 사람을 주시하는 능력으로 국가를 지키는 사람들이었다. 누구보다 빨리 낌새를 알아채고 갖가지 상황을 감당해 내는 사람들. 그 눈빛들 덕분에 하루를 시작하고, 무사히 마쳤다.

여기가
사무실이라고요?

🌳 '대통령비서실' 간판을 단 외딴섬

'여기 진짜 사무실 맞아?'

책상 일곱 개, 의자 다섯 개, 출입문 하나. 갈색으로 벗겨진 벽지, 조그마한 창문. 원래는 수장고로 쓰던 공간을 억지로 개조한 사무실이었다. '대통령비서실'이라는 무게감 있는 간판과 달리, 막상 도착한 사무실은 낡고 비좁았다.

이전 직장에는 유리 칸막이, 바닥 조명 깔린 회의실, 냉온 정수기, 디스플레이 모니터가 있었다. 이곳엔 낡은 가구에 덜컹거리는 서랍, 창백한 형광등, 시끄러운 환풍기뿐이었다. 틀면 소음, 끄면 무더위였다.

여민관 동쪽 끝. 청와대 안에서도 유배지 같은 곳이었다. 한 팀이지만 떨어져 있었고, 같은 부서지만 외딴섬 같았다.

공간이 좁은 만큼 말은 더 가까이 오갔다. 숨길 것도, 꾸밀 것도 없는 거리였으니까. 세련됨은 없었지만, 그 엉성함 덕분에 우리는 자주 웃었다. 누구 하나 기침만 해도 "얼른 들어가요!" 하고 호들갑을 떨었고, 동료의 생일이 다가오면 중문 앞에 방어선을 치고 몰래 케이크를 숨겼다. '우리만 아는 농담', '우리만 아는 처지'들이 하루를 지탱해 줬다.

모든 게 아날로그였다. 커피 머신도 없어서 매일 아침

손으로 커피를 내렸다. 향은 짙게 퍼졌다. 사무실이 좁으면, 냄새도 표정도 잘 퍼진다.

생일이면 대통령 도장이 찍힌 떡 한 박스와 생일 카드가 도착했고, 새해에는 서명이 들어간 연하장이 우편으로 왔다.

작은 공간 안에 상징이 많은 곳. 우리는 간판은 크고 창문은 작은, 어디에도 없는 사무실의 사람들이었다.

청와대에서 가장
무해한 방

🌳 온실과 잉어, 조경팀의 루틴

외딴섬 같은 사무실, 아날로그 같은 일상. 그러다 가끔 나는 자연의 습기를 마시러 온실로 갔다. 청와대에 유리로 된 온실이 있다는 걸 처음 알았을 때, 고개가 갸우뚱해졌다.

"설마, 진짜 식물 기르는 그 온실?"

청와대 같은 곳에 그런 공간이 있다니. 진짜였다. 예

쁘고, 조용하고, 따뜻한 공간. 온실은 청와대를 장식하는 식물들을 키우는 곳이었다. 회의실 한쪽을 채우는 난, 언론 브리핑 배경에 나란히 놓인 대형 화초, 사무실 구석에서 숨쉬는 작은 관엽 식물 외에도 100종류가 넘는 식물이 자라고 있었다. 청와대의 식물들은 모두 온실에서 왔다.

온실 문을 열면 바로 식물의 습도가 코끝을 때렸다. 찐득한 흙냄새와 함께 젖은 잎에서 배어 나오는 녹색향. 따뜻한 온실에서 고개를 들면 키 큰 야자수가 온실 천장에 닿을 듯 껑충 솟아 있다. 그 아래로 중간 키의 몬스테라, 홍콩야자, 벤자민 고무나무가 줄 맞춰 섰다. 가장 아래에는 페퍼민트, 스킨답서스 같은 작은 식물들이 잎을 흔들었다. 키마다 다른 초록이 층층이 쌓여, 온실은 작은 숲처럼 보였다.

온실에서는 사무실에선 들을 수 없는 소리가 났다. 잎사귀를 건드리는 바람 소리, 호스에서 떨어지는 물소리.

그 사이로 호스를 들고 관음죽을 적시는 직원이 있었다. 그는 분갈이를 하면서 이따금 나뭇잎에 붙은 먼지를 손으로 털어냈다. 옷에는 흙냄새가 배어 있었다.

온실에 가다가 다른 부서 직원과 마주치면, 별것 아닌 안부를 주고받았다.

"어디 가세요?"
"그냥요. 식물 좀 보려고요."
"아, 저도요!"

둘 다 말은 안 했지만 '좀 쉬고 싶어서'라는 말을 식물 뒤에 숨기는 방법이었다. 나에게는 점심시간 온실에서 머무는 5분이 가장 정직한 회복의 시간이었다. 온실은 청와대에서 가장 정치적이지 않은 장소였다. 가장 무해하고 가장 조용한 방. 그저 자라는 것과 돌보는 것만 있었다.

온실은 작았지만, 조경팀의 업무는 넓었다. 조경팀은 우리나라에서 가장 정밀하게 식물을 다루는 직장인들이다. 눈이 와도, 폭염이 기승을 부려도 새벽 5시에 출근해서 물을 주고, 가지를 다듬고, 땅을 고르고, 정원을 가꾸고, 손으로 흙을 만졌다. 온실 직원들은 청와대 식물의 성장 속도를 책임지고 있었다. 매일 가장 먼저 일어나 청와대 자연의 기강을 세우는 사람들이었다.

청와대에는 물고기도 산다. 연못을 완성해 주는 관상용 잉어다. 매일 새벽, 조경팀 직원은 출근하면 물가에 서서 잉어의 숫자를 센다.

"어? 어라, 오늘도 한 마리 비네."
밤사이 누군가 잉어를 물어갔다.
"어젯밤에도 너구리가 잡아먹었나 보네요."

그러면 잉어를 한 마리 더 채워 넣는다. 낮에는 유유히 물가에 몰려 있던 잉어들이 밤이 되면 없어진다. 밤이면 산에서 야생 너구리, 고양이, 왜가리 같은 동물이 허리를 낮추고 다가와 잉어를 한 마리씩 잡아가기 때문이다.

잡아먹히면 또 넣고 다시 키운다. 청와대 물가의 먹이 사슬이다. 잉어가 사라졌다는 표시는 어디에도 남지 않는다. 사라진 잉어 대신 새 잉어를 채우는 일은 중요한 업무다.

잉어의 수를 세는 일. 다 자란 식물의 줄기를 낮게 자르는 일. 온실 안 선인장 가시를 가지런히 다듬는 일. 모두가 눈앞의 모니터에만 몰두할 때, 그들은 조용히 자연을 돌보고 있었다. 그 일을 바라보는 시간이 좋았다. 국가라는 거대한 조직 안에서 가장 무해한 일이었으니까.

하루를 살아내는 방식이 꼭 거창할 필요는 없다는 걸

온실에서 배웠다. 매일 같은 시간에 식물에 물을 주는 일, 잉어를 다시 넣는 일, 손톱에 흙을 묻히는 일. 아무도 모르는 일을 매일 똑같이 해내는 사람들. 그 조용한 반복이 청와대의 자연을 움직이고 있었다.

업무용 폰이
2G라니

🌳 느린 말의 무게

업무용 휴대폰을 받았다. 맙소사. 2G폰이었다. 위아래로 '딸깍' 열리던 소리를 마지막으로 들어본 게 언제였더라. 가물가물했다. 화면은 집게손가락만 했고, 문자 메시지는 40자 제한. 사진 전송? 안 되고. 인터넷? 없고. 카카오톡? 당연히 없다. 누가 봐도 '전화기'였다. 보안 때문이라고 했다.

2G폰으로 하는 업무는 시간을 거꾸로 탔다. '회의'의

'회' 자를 쓰려면 1부터 9까지 있는 숫자 자판에서 8번 키 두 번, 2번 키 한 번, 3번 키 한 번, 1번 키 한 번을 꾹 눌러야 했다. '회의 중입니다' 여섯 글자에 30초가 걸렸다. 느낌표까지 넣으면 글자 수가 초과됐다. 문장을 지우고 최대한 줄였다.

 단체방이 없으니 하나의 알림을 여러 명에게 동시에 보낼 수가 없었다. 일일이 전화했다. 각각의 사람에게, 각각의 타이밍으로. 복사-붙여넣기도 안 되고, 파일 하나 올려놓고 '확인 부탁드립니다'라는 말로 책임을 떠넘기는 일도 통하지 않았다. 벨소리 끝에 남는 '부재중 통화 1'. 요청엔 반드시 '전화'로 응답해야 했다. 청와대 업무 폰의 연락들은 언제나 직접적이었다.

 청와대에서는 출입증을 찍는 동시에 휴대폰 카메라가 잠긴다. 카메라 화면이 검게 닫혀 줌 미팅을 못 하니, 회의는 무조건 대면이었다. 햇살을 받으며 버드나무 아래서 회의했고, 비가 오면 우산을 쓰고라도 마주 앉았다. 우리는 더 자주, 더 가까이 만났다. 화면 공유 대신 인쇄물을 출력해서 밑줄 그어가며 대화했고, 요약 파일 전송 대신 메모지에 형광펜으로 동그라미를 쳐가며 설명했다.

카톡처럼 '1'이 사라질 일도 없었다. 문자 메시지를 상대가 읽었는지 안 읽었는지 확인할 수가 없으니 괜한 서운함도 덜했다.

2G폰은 벨소리조차 명랑했다. '링링링링링링'. 화들짝 놀라게 하는 2G폰의 경쾌한 벨소리. 점심 먹고 업무가 막 시작될 무렵, 또렷하게 울리는 벨소리가 들리면 사무실에 있는 모든 사람의 고개가 동시에 움직였다.

"누구야?"
"업무 폰이네."
"받아야겠네."

전화를 걸었다. 긴 신호음이 가는 동안, 나는 휴대폰을 이리저리 만지며 말했다.

"이거 정말 느리죠?"

상대가 대답했다.
"느린 게 좋기도 해요. 말을 아끼게 되잖아요. 정확하게 말해야 하니까."

그 말을 곱씹었다. '말을 아낀다.' 아낀다는 건, 생각한다는 뜻이었다. 조심히 숫자판을 꾹꾹 눌러야 도달하는 말들. 이 전화기는 실수로 말이 새는 일이 없었다. 어쩌면 그땐 말 한마디에 무게가 실렸던 마지막 시절이었는지도 모른다.

백화점 느낌의
도라지를 찾아서

🌳 한 상자에 마음을 담는 일

 명절이 다가오면 대통령 명절 선물 회의가 열린다. 단순히 '뭘 보낼까' 고르는 자리가 아니었다. 국가가 누구에게, 어떤 마음을, 어떻게 건넬지 구성을 짜는 일이었다. 각계 원로, 국가유공자, 참전용사도 있었다. 받을 사람의 이름이 많다는 건 지역별로, 연령대별로, 직함별로 고려해야 할 마음도 많다는 뜻이었다.

 "감말랭이와 건고사리는 어떨까요."

"많이 씹으면 턱이 아프다고 하셔서……."
"한과는 박스 안에서 잘 부서진대요."
"송이버섯은 너무 비싸요. 예산 넘어요."
"받는 분들이 다 다른 분들이잖아요. 종교인도 있고, 청소년도 있고……. 그러니까 하나로 묶기보다 아예 콘셉트를 나누는 게 낫지 않을까요?"

회의 결과 추천 리스트가 나왔다. 그중 하나가 '도라지 정과'였다. '도라지'까지는 좋았는데, 문제는 다음 줄에 '포장-고급스러움'이라고 적혀 있는 거였다.

"고급스러움이라는 게, 정확히 어떤 걸까요?"
돌아온 답은 다섯 글자였다.
"'백화점 느낌'이요."

도대체 백화점 느낌 도라지란 무엇인가. 부서 전체가 '백화점 느낌 도라지'라는 미지의 대상을 쫓았다. 백화점 느낌 도라지는 오후 내내 머물다 리스트에서 사라졌다.

모두가 머리를 싸맨 끝에 명절 선물 상자 리스트가 완성됐다. 전국 지역의 손맛과 정성을 꼭꼭 눌러 담은 물건들이었다.

전남 담양에서 빚은 대나무술 한 병,
충북 홍삼으로 만든 양갱 한 상자,
경남 거제 표고채 한 봉지,
제주 한라산 고사리 한 꾸러미,
강원 원주 치악산 건취나물까지.

미성년자와 종교인을 위한 배려도 있었다. 대나무술이 들어갈 자리를 꿀이 대신했다. 한 상자 안에 전국을 담은 셈이었다. 기준은 확실했다. 깨지지 않을 것, 예산을 넘지 않을 것, 기획 의도가 분명할 것, 무엇보다 맛있을 것.

매년 명절이 다가오면 우리 부서는 국토 순례하듯 머리를 맞댔다. 어디에서 무엇이 나고, 어떤 재료가 덜 부서지고, 올해는 어떤 뜻을 담아야 할지. 해마다 반복되는 고민인데도 해가 바뀔수록 고민은 더 까다로워졌다.

  국가의 안부를 전하는 작은 상자를 고민하는 일. 우리는 상자 하나를 놓고 참 오랫동안 진심으로 머리를 싸맸다. 누가 받아도 포장을 풀어볼 땐 기분 좋았으면 했다. 받는 사람은 몰라도 괜찮다. 그 안의 꿀 한 병, 홍삼 양갱 한 조각이 누군가의 머릿속을 얼마나 오래 떠다녔는지.

2장

청와대 사람들

청와대에도
사람 살아요

🌿 거대한 시스템 속, 사람이 있었다

청와대의 하루는 새벽부터 움직인다. 기준은 대통령의 출근 시간인 오전 9시. 첫 보고 시간이다. 9시 중심추를 시작으로 커다란 시계의 시침과 분침들이 밑으로 촘촘하게 떨어진다.

9시 대통령 보고를 위해
8시 20분, 세 실장과 수석들이 국가 현안 점검 회의를 한다.

8시 20분 회의를 위해
7시 30분, 열두 명의 수석과 비서관들이 머리를 맞댄다.

7시 30분 회의를 위해
6시 50분, 마흔아홉 명의 비서관과 행정관들이 이미 회의실에 자리 잡고 있다.

6시 50분 회의 자료는 밤새 저절로 생기지 않기에
6시, 행정관과 행정요원들이 사무실 불을 켠다.

누군가의 9시는 다른 이의 새벽 6시다. 위에서 9시를 떨어뜨리면 아래는 도미노처럼 자기 자리에 맞춰 깨어난다. 거꾸로 올라가는 시계. 중력의 첫 줄에 맞추기 위해 매일 새벽 4시 30분 눈을 비비고 일어난다. 밤에는 밤의 일이 있으니 아침은 더 빨라질 수밖에 없다. 윗 라인들이 회의에 들어간 잠깐 동안, 할일을 마친 직원들에게는 따뜻한 구내식당 아침식사와 짧은 산책이 주어진다.

청와대는 거대한 시스템이다. 정치, 외교, 경호, 의전, 기록, 조경, 행사, 관람, 보안, 통신. 그 안에는 드러나지 않지만 꼭 필요한 사람들이 있다.

누군가를 대신 빛나게 하고
누군가의 뒤에서 균형을 맞추고
누구도 주목하지 않는 곳에서
청와대를 만드는 사람들.

그들을 자주 마주쳤다. 지나치며 인사를 나눴고 묵묵히 일하는 옆모습을 종종 보았다. 한참이 지난 뒤에야 그들의 존재가 일상을 얼마나 편안하게 지탱해 주고 있었는지 알게 되었다.

국가의 옷을
다림질하는 사람

🌳 주름 없는 외교를 만드는 보이지 않는 손

국빈 환영 행사날엔 청와대 앞길이 국기로 물든다. 본관, 영빈관, 담벼락 따라 이어지는 외곽 도로까지. 한 폭 한 폭 같은 간격으로 태극기와 상대국 국기가 번갈아 꽂힌다. 두 나라 국기를 겹친 모양은 양국의 거리를 좁히는 손짓처럼 그 자체로 우애의 상징이다. 서로 겹친 천이 자연스럽게 흘러내리면서 생기는 부드러운 곡선은 '친밀함'의 이미지가 된다.

사무실 건물 뒤를 지나가다가 국기가 빨래처럼 널려 있는 풍경을 보게 됐다. 국기를 다루는 사람들은 'ㄷ'자 모양 옷봉 두 개를 마주 세워놓고 탁탁 소리를 내며 국기를 가지런히 널고 있었다. 태극기와 상대국의 국기. 모두 같은 크기와 길이로 준비된 천 조각들은 한 치의 오차도 없이 팽팽하게 당겨져 있었다.

그는 평상에 국기를 펼쳐놓고 다리미로 천천히, 반복해서 표면을 다렸다. 조금의 주름도 남기지 않으려는 마음이 보였다.

그날 처음으로, 국기를 다리고 있던 사람의 얼굴이 눈에 들어왔다. 얼룩 없는 국기, 반듯하게 꽂힌 깃대, 우호적인 이미지. 이 모든 '당연한 모습'은 국기를 다리는 직원의 손끝에서 시작되고 있었다. 잘 준비된 국빈 환영 행사는 반듯하게 다려진 국기에서부터 출발하는 게 아닐까.

가끔 너무나 당연해서 보이지 않는 존재들이 있다. 아무도 궁금해하지 않는 사람들, '당연'을 만드는 사람들. 주름 없는 외교는 다림질에서부터 시작됐다.

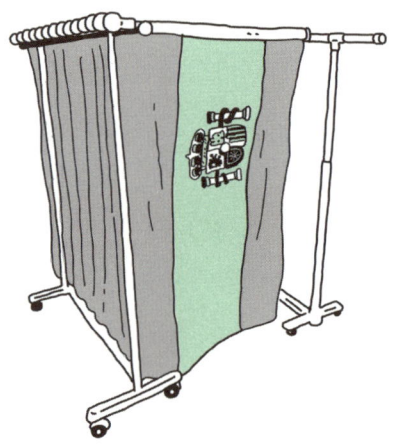

대통령의 얼굴을
기록하는 사람

🌳 대통령 전속 사진사

　카메라를 든 사람이 있었다. 오직 한 사람만 찍는 사진사였다. 하루 종일 마주하는 얼굴은 단 하나, 대통령. 그는 대통령 전속 사진사다. 누구보다 가까이에서 대통령을 보는 사람이다. 한 나라의 공식 기록이 그의 손끝에서 만들어진다. 그가 찍은 수천 장의 사진들은 대통령 기록관에 보관되어 있다.

　"힘들지 않으세요? 계속 한 사람만 따라다니면서 찍

으려면."

그는 고개를 저었다.

"대통령이 제 카메라 속에서 얼마나 많은 사람으로 보이는데요."

그가 대통령을 바라보는 시선엔 미처 몰랐던 깊이가 있었다. 한 사람을 찍는 일은 단순해 보였지만 사실 그는 하루 동안에도 수십, 수백 개의 얼굴을 찍고 있었던 셈이다. 한 사람 안에 공존하는 많은 얼굴을 그는 매일 마주했다.

"카메라 앞에서 사람들은 자기가 보여주고 싶은 얼굴을 하게 되잖아요. 정작 진짜 얼굴은…… 카메라를 내리는 그 찰나에 보여요."

그의 말에서 그가 담지 않은 사진들을 상상했다. 피곤한 오후의 미세한 한숨, 행사를 마치고 돌아서던 뒤에야 드러나는 고독감까지. 누구도 보지 못한 사진, 남기지 않은 장면들은 그의 눈 속에 머물다 사라졌을 것이다. '기록하지 않은 것'을 간직한 사람. 나라의 공식적인 역사 뒤에 숨어 있는, 가장 인간적인 순간들이 그에게 들려 있었다.

그와 이야기를 나눈 이후로 주변 사람들 얼굴을 조금 더 천천히 바라보게 되었다. 말을 잠시 멈췄을 때, 웃음을 그친 직후, 커피잔을 내려놓는 순간, 고개를 돌리는 찰나. 그때 사람은 잠시 진짜가 된다.

계절을
배치하는 사람

🌳 비서실 조경 전문가

나는 제법 성실한 산책자였다. 그날도 무심히 산책로를 따라가다, 녹나무 앞에서 한 직원이 쪼그려 앉아 꽃 주변을 돌보는 모습을 발견했다. 그는 두꺼운 수첩과 지도를 들고 있었다. 손에 든 지도 위엔 꽃의 이름과 나무 종류, 꽃이 피고 지는 주기, 햇볕 방향, 물 빠짐 정도까지 손글씨로 꼼꼼히 적혀 있었다.

"이게 다 계획된 거예요?"

놀라워하며 묻자, 그는 부끄러운 듯 웃으며 말했다.
"대통령이 걷는 길에는 계절이 있어야죠."

그는 계절을 배치하는 사람이었다. 겨울이 채 가지 않은 날부터 미리 꽃을 준비해서 대통령과 직원들이 가장 먼저 봄을 느끼게 했다. 봄이 늦어지면 온실에서 키운 꽃을 조금씩 밖으로 옮겼다. 계절을 기다리지 않고, 직접 봄을 불러들이는 일이었다.

나는 매일 같은 산책로를 걸었다. 점심을 먹고 나서 그 길을 걷는 직원들이 많았지만, 꽃이 어떻게 피고 지는지 깊이 생각하지 않았다. 나 역시 그랬다.

그러고 보니 산책로 옆에는 늘 꽃이 있었다. 3월부터 5월까지, 산수유가 먼저 피면 그 뒤를 수선화가 잇는다. 진달래와 철쭉이 붉은색을 뿌려놓고 나면 프리지아가 노랗게 터지고, 작약이 봄의 끝을 닫는다. 그는 마치 식물들이 서로 약속이라도 한 것처럼 때맞춰 꽃을 피우게

했다. 그 질서에는 한 사람의 섬세한 계산과 끝없는 관찰이 있었다. 나는 한 번도 꽃의 순서를 생각해 본 적이 없었는데, 그는 매일 꽃과 계절의 시간을 고민하며 지냈던 것이다.

가을에도 그의 고민은 이어졌다. 산책로 어디서부터 단풍이 시작될지, 붉은 빛이 가장 아름답게 물들어 가는 경로는 어느 쪽일지, 나무를 심을 때부터 미리 생각하고 가지를 정리했다.

가끔씩 그는 나무 아래 서서 어느 정도의 햇빛이 나뭇잎 사이를 투과하는지, 잔디를 언제 깎아야 더 부드럽게 느껴질지 고민했다.

"풀 길이도 중요한가요?"
산책로를 걸으며 물었다.

"중요하죠. 풀을 너무 짧게 깎으면 보기엔 좋아도 발

에 닿는 느낌이 딱딱하거든요. 너무 길면 산책할 때 깔끔하지 않고요. 딱 2cm 정도로 맞춰야 걷는 사람이 편안하게 걸어요."

잔디 사이에 제멋대로 뻗은 풀이 자라지 않도록 억제제를 뿌리고, 물이 고이면 잔디가 썩어버리기 때문에 모래를 주기적으로 덮는다고 했다. 그는 아무도 모르게 발밑 뿌리를 다듬고, 물길을 바꾸고 있었다. 잔디 사이에 듬성듬성 핀 까만 꽃을 가리키며 말하던 게 기억난다.

"저 까만 게 잔디꽃이에요. 잔디도 꽃이 피어요."

봄을 언제 불러올지, 단풍이 어디서 시작될지 고민하는 일은 특별한 사람을 위한 것이 아니었다. 지나가는 이들이 짧은 산책이나마 편안한 기분으로 걷기를 바라는 그의 정성은, 청와대 안을 걷는 우리 모두를 향한 것이었다.

한 나라의 첫인사,
그림을 거는 사람

🌳 국빈 앞 '단 한 점'을 고르는 사람

어깨에 수평계를 멘 사람이 1층 복도에 서 있었다. 장갑 낀 손으로 벽에 걸린 액자를 미세하게 조정하는 중이었다. 그는 0.5센티미터도 채 안 되는 기울기를 바로 잡기 위해 몸을 뺐다가, 다시 다가가 손가락 하나로 프레임을 조금씩 밀었다. 고개를 기울이며 그림과 벽 사이 호흡을 맞추는 모습이었다.

"조도가요, 사람 눈엔 잘 안 보여도 오래 앉아 있으면 압니다. 그림은 정가운데 있으면 안 예뻐요. 공간이 흐르는 방향이 있어요."

작품마다 '딱 맞는 자리'가 있다고 했다. 조명, 여백, 시선 높이, 벽 재질, 액자 소재, 표면 반사율. 모든 요소가 조화를 이뤄야 그림 한 점이 제 자리를 찾는다는 것이다. 사람의 동선처럼 '시선의 동선'도 계산해야 한다고.

"이 회의장에선 오래 앉아 있어야 하거든요. 눈이 피로하지 않은 그림이 필요해요. 미술사 책엔 안 나와요. 그림이 사람한테 어떻게 말 거는지 알아야 해요."

설명하면서 그가 가리킨 건 수묵화 한 점이었다. 선 몇 줄로 충분하다는 듯 시원한 여백이 있는 그림. '너무 많이 말하지 않는 그림'이 이런 공간에 잘 어울린다고. 말이 많은 공간엔 말이 적은 그림이 필요하다고도 했다. 꼭 사람에 대한 얘기 같았다.

서명대 뒤에 걸리는 그림이 특히 까다롭다. 국빈이 도착해 대통령과 나란히 찍는 사진 한 장, 카메라 플래시가 터지는 자리에 놓일 '단 한 점'은 그 어떤 공간보다 정확한 메시지를 담아야 한다. 나라가 건네는 첫인사. 그림은 공간의 얼굴이자 대화의 시작이다. 상대국의 문화, 색의 상징, 거부감을 줄 수 있는 요소까지 고려해 단 한 점을 선택한다. 상대국과의 예술적 연결고리나 역사적 공감대를 가진 작품이 어울린다.

그는 스포트라이트를 하나씩 켰다 끄며 공간의 감도를 조율했다. 조명이 자연광과 섞이는 시간대를 기다렸다가 그림이 튀는지, 공간에 잘 녹아들었는지 살폈다. 햇빛이 드리울 때 시간대별로 어떤 색이 살아나는지, 공간에 사람이 처음 들어왔을 때 그림이 어느 각도에서 보일지 오래도록 관찰해 온 사람의 기준이었다. 자신이 해낸 일을 벽에 걸어두고 스스로 그 풍경을 바라볼 수 있는 직업은 많지 않다.

우아한 첫 인사를 만드는 일. 공간의 첫 기류는 벽에 걸린 그림이 만든다. 대통령이 앉기 전, 국빈과 악수하기 전 어떤 선, 색채, 여백, 무게로 이 방의 온도를 맞출 것인가. 어떤 화풍, 어떤 작가를 소개할 것인가는 '나라의 미적 기준과 문화적 소양'을 보여주는 일이다.

행사가 끝나면 그림은 미술관이나 작가에게 돌려보냈다. 남은 작품은 박스에 다시 담겨 다음 일정을 기다리며 수장고로 향했다.

한 시대가 끝나면 예술도 자리에서 내려왔다. 마지막으로 작품을 떼어내는 사람 역시, 그였다.

나도 모르게
닮아간 사람

🌳 영부인 보좌진, 대변인실 직원

    청와대에서 내준 관사는 2인 1실이었다. 큰 방 하나, 작은 방 하나. 침대에 누워 발 뻗으면 화장대, 팔 뻗으면 냉장고였다. 룸메이트는 영부인 보좌진이었다. 그녀의 일은 밤낮이 따로 없었다. 해외 순방, 외빈 접견 준비, 일정 조율, 방문 장소 답사 같은 중요한 일의 한가운데 있었다. 출장을 앞둘 때면 매번 흐트러짐 없이 파우치를 개어 캐리어를 챙기는 모습에 프로라는 단어가 절로 떠올랐다.

우리는 서로의 공간을 침범하지 않았다. 세탁기를 누가 쓸지, 누가 먼저 욕실에 들어갈지 말하지 않아도 자연스럽게 정해졌다. 불필요한 질문도 없고, 과한 친절도 없는 깔끔한 동거였다.

순방 업무가 잦아 그녀는 자주 집을 비웠다. 그럴 때면 룸메이트가 키우는 베란다 작물에 물 주는 역할이 내게로 왔다. 그게 우리 사이에 드문드문 생기던 유일한 접점이었다.

어느 날, 룸메이트가 '차지키'를 만들겠다고 했다. 그릭 요거트에 잘게 썬 오이, 마늘, 딜을 넣은 중동식 소스. "딜은 여사님이 키우신 거예요"라며 조심스럽게 싸온 허브 다발을 냉장고에서 꺼냈다. 처음 맛보는 재료의 조합 앞에서 룸메이트의 취향이 느껴졌다. 함께 밥을 먹은 적이 손에 꼽았지만, 그날만큼은 같이 산다는 기분이 들었다.

룸메이트는 요기니였다. 침대 앞에는 요가 매트가 깔려 있었고 요가 고급 수련 영상에서 튀어나온 듯한 동작을 힘 하나 들이지 않고 구사했다. 가끔 명상 음악이나 싱잉볼 소리가 문 틈새로 흘러나왔다. 밤에 나도 그 음악 소리를 몇 분쯤 듣고 있다 보면 사르르 잠이 들었다.

창문 커튼이 흔들리던 어느 밤, 그녀가 얘기했다.
"오늘밤엔 창문 닫고 자요. 바람 찰 것 같아요."

보글보글한 긴 머리. 흐트러진 적도 없고, 바뀐 적도 없었다. 언제나 거기 있으니 그 머리를 보면 매일 '안녕'이란 기분이 들었다. 청와대 생활 동안 그녀의 체형은 단 한 번도 변하지 않았다. 무슨 일이 있었든, 늘 같은 바지핏과 같은 실루엣을 유지했다.

존재만으로 주변을 평온하게 만드는 능력. 그녀만이 가진 귀한 재능이었다.

청와대 옆, 다중 보안 검문 권역에 PT 스튜디오가 생겼다. 무심코 지나가려는데 문틈 사이로 러닝머신 바닥을 두드리는 규칙적인 발소리가 들렸다. 트레이너와 눈이 마주쳤다.

"운동 관심 있으세요? 2:1 프로그램도 있어요. 반값이에요. 괜찮은 분 있으면 같이 오세요."

'누구랑? 누구에게 말을 걸면 좋을까?'
떠오른 사람은 대변인실 직원. 서로 인사만 주고받던 사이였지만 '이 사람은 운동 좋아할 것 같다'는 확신이 들었다.

점심시간, 복도 끝에서 말을 걸었다.
"혹시, 같이 운동하실래요?"
그녀는 의외로 너무 쉽게 고개를 끄덕였다.
"좋죠! 저도 혼자 하기엔 좀 심심했거든요."

우리는 항상 복도 한가운데서 만났다. 나는 왼쪽 사무실에서, 그녀는 오른쪽 사무실에서. 동선은 늘 나란했다. 스쿼트를 20개 하면 정확히 14번째부터 똑같이 숨이 거칠어졌고, 15번째에서 동시에 "하……." 앓는 소리가 터졌다. 서로 얼굴을 마주 볼 때면 숨이 덜 차는 쪽이 먼저 웃었다. '같은 타이밍에 지친다'는 사실이 위로가 됐다. 몸이 힘들어지는 타이밍, 쉬고 싶은 타이밍, 웃음이 나는 타이밍까지 비슷했다.

"내일 또 봬요."
손을 흔드는 것도, 인사를 주고받는 것도 늘 같은 타이밍. 나는 왼쪽으로, 그녀는 오른쪽으로.

일하던 중, 누가 등 뒤에 바나나를 놓고 갔다. 포스트잇이 붙어 있었다. '오늘도 든든하게.' 운동 메이트였다.

그녀는 특별한 말을 하진 않았다. 대신 작은 걸 기억했다. 어제 배탈이 났다는 말, 오늘따라 기운 없는 나의 모습, 평소보다 조금 굳어진 표정 같은 것들을. 사람 마음을 만지는 법을 잘 아는 사람이었다. 그 사람처럼 말하고, 그 사람처럼 멈추고, 그 사람처럼 반응하고 싶어졌다. 내가 미처 다다르지 못한 마음을 언제나 먼저 건너가 기다리는 사람이었다.

조금씩 흉내 내보기로 했다.
"괜찮아?"
"오늘은 무리하지 마."
"이거 내가 할게."

어색한 말들이 입안에서 굴러다니다 울퉁불퉁하게 나왔다. 하지만 그 말을 입밖으로 내보내는 나를 조금은 좋아하게 됐다.

"괜찮아?"라는 말은 답을 듣기 위한 질문이 아니라, '지금 네가 힘들어도 괜찮다'는 조용한 끄덕임이었다. "오늘은 무리하지 마"라는 말은 '지금 하지 않아도 된다'

는 배려였다. 진짜 다정함은 듬성한 관심과 포스트잇 하나로 충분히 전해졌다.

두 사람이 짐을 싸고 떠났다. 한 사람은 새로운 근무지로, 한 사람은 퇴직. 룸메이트의 침대 맞은편에 깔려 있던 요가 매트가 사라지자 바닥이 넓어졌다. 낯선 여백이 생겼다. 운동 메이트가 서 있던 오른쪽 복도는 지나칠 때마다 한 번 더 돌아보게 되었다.

귀한 존재감의 크기는 사라지고 나서야 안다. 그들의 크기가 내 몸에 배었다. 말투에도 그들이 머물렀다.

"물 끓여뒀어요. 따뜻한 거 마셔요."
그리고
"배는 좀 어때요? 오늘은 같이 스트레칭만 해도 돼요."

누군가는
하고 있었다

🌿 나, 혹은 당신이

아무도 시키지 않았지만 누군가는 하고 있었던 일들이 있다.

사무실 냉장고 얼음 트레이에 얼음 얼려주는 사람
복사기에 복사지 채워주는 사람
구내식당에서 벽걸이 휴지 뽑아주는 사람
일찍 출근해서 미리 사무실 환기하는 사람
프린터기 잉크 다 썼을 때 교체해 주는 사람

무거운 생수통 번쩍 들어 정수기 생수 바꿔두는 사람
청양고추 들어간 메뉴 미리 알려주는 사람
전자레인지 안 트레이 씻어놓는 사람
종이컵 다 떨어지면 새 줄 넣어놓는 사람
책상 전선 정리해서 코드 미로 탈출시켜 주는 사람
우편물 챙겨서 책상에 두는 사람
출입구 도어락 배터리 건전지 미리 갈아두는 사람
회의실 화이트보드에 귀여운 그림 그려주는 사람

늘 누군가가 하고 있었다.
나, 혹은 당신이.

3장

점심이 온다, **청와대**에도

대통령이
밥 드신대요!

🌿 점심 두 번 먹은 날

12시가 조금 넘은 시간. 구내식당에서 김치찌개에 밥 한 공기를 말끔히 비운 상태였다. 식당은 북적였고, 날씨는 좋았다. 하루 중 가장 평화로운 시간이었다.

12시 20분, 갑자기 안내 방송이 울렸다.
"오늘 12시 30분, 대통령께서 직원 식당에서 함께 식사하십니다. 청와대 가족 여러분의 많은 관심 바랍니다."

식당 전체가 잠깐 멈췄다. 그리고 몇 초 후, 소란이 시작되었다.
"지금 방송에서 뭐라고 했어?"
"대통령이 직원 식당에 온다고?"

밥을 다 먹고 사무실에 앉아 있다가 안내 방송을 듣고 벌떡 일어났다.
'다시 가야겠다. 직원 식당으로.'

배는 부르지만 중요하지 않았다. 이 시간을 놓치면 안 될 것 같았다. 청와대에서 일해도 대통령과 식사하는 건 흔한 일이 아니다. 식당으로 달려가 식판에 밥을 한 번 더 받아왔다. 대통령은 12시 40분쯤 등장했다.

누구도 일어나지 않고, 박수도 없었다. 다만 수저 소리가 멈췄다. 대통령은 쏟아지는 시선들을 자연스럽게 받아냈다. 모두가 눈으로 대통령을 쳐다보며 식사를 이어갔다.

그때 대통령이 내 바로 오른쪽 자리에 앉았다. 나를 사이에 두고 오른쪽엔 대통령, 왼쪽엔 비서실장이라니. 현실감 없는 자리 배치였다. 식사는 숨소리까지 들릴 듯 조용하게 진행됐다. 우리 테이블을 제외하곤 누구도 대통령에게 말을 걸지 않았다. 하지만 모두가 그를 의식하고 있었다. 테이블 위엔 특별한 요리도, 특별한 대화도 없었다. 다만 아무도 대통령보다 수저를 먼저 들지 않았다.

순간, 대통령이 고개를 내 쪽으로 돌려 비서실장에게 말을 건넸다. 비서실장이 고개를 끄덕였다. 고개가 반쯤 내 쪽으로 향했다는 이유만으로, 괜히 숨을 멈췄다.

그때 앞자리에 앉은 직원이 용기 내어 물었다.
"대통령님, 이제 임기 반 지났는데요. 2년 반밖에 안 남았다고 느끼세요? 아니면 2년 반이나 남았다고 느끼세요?"

순간의 정적 뒤에 대통령이 웃으며 말했다.

"아이고! 마이 남았네. 2년 반이나 남았네!"

대통령의 말은 선언도, 다짐도 아니었다. 그저 앞으로 2년 반을 더 버텨야 한다는 한 사람의 솔직한 말이었다. 절반이 지났다는 안도보다 앞으로 쌓아야 할 2년 반의 무게를 떠올리는 말.

대통령이 식판을 들고 다시 줄을 섰고, 김치찌개를 한 국자 더 퍼 담았다. 그가 국을 두 번 퍼가는 모습을 식당 전체가 봤다. 조리대 뒤에서 조리 실장님이 작게 웃으며 혼잣말처럼 말했다.
"우리 대통령님, 아주 잘 드시네."

대통령이 식사하러 온다는 말만으로도 사람들이 조금 더 조심히, 조금 더 반듯하게 앉았다. 말소리가 낮아졌고, 식판 부딪히는 소리도 작아졌다. 자연스러운 긴장이었다. 점심시간이 조금은 특별했던 날. 나는 대통령과 식사하기 위해 그날 밥을 두 번 먹었다.

계절보다 빠른
식단

🌿 청와대 구내식당의 메뉴들

구내식당 메뉴의 미덕은 '가끔'에 있었다. 딱히 기대하지 않은 날, 예고 없이 등장한 메뉴들이 있다. 청와대 구내식당 메뉴들은 마치 화수분 같았다.

채소구이, 소박하고 건강한 한 끼

어떤 날은 가지, 단호박, 양파를 오븐에 바싹 구운 채소구이가 나왔다. 가지의 보랏빛 껍질이 열기에 쪼글쪼글해져 있었다. 속살에선 부드러운 크림색이 흘러나왔다. 단호박은 난풍잎 하나를 그대로 옮긴 듯한 주황색이었다. 양파는 가장자리가 살짝 탄 갈색으로, 캐러멜처럼 달았다. 함께 나온 손가락 크기의 조그마한 고구마도 귀엽고 따뜻했다. 청와대 식당이라고 해서 음식이 특별한 건 아니다. 눈과 입으로 느끼는 소박한 자연의 단맛에 몸과 마음이 채워졌다.

굴 매생이죽, 바다 품은 겨울

겨울엔 굴 들어간 매생이 죽이다. 굴이 연녹색 국물 속에 숨어 있다가 한 숟가락 푹 뜨면 '나 여깄어' 하고 인사하듯 얼굴을 내밀었다. 실처럼 가느다란 매생이가 죽 속에서 퍼져서 국물을 부드럽고 걸쭉하게 만들어 주었다. 매생이의 미끈한 질감과 굴의 부드러움이 한입에 목을 타고 편안하게 내려갔다. 김에 코를 데면서도 그릇을 들고 끝까지 다 마셨다. 한 그릇이면 뱃속부터 마음까지 데워지는 느낌이 든다.

곶감, 작은 선물

늦가을 날, 비서관 책상 위에 있던 곶감을 직원들이 한 알씩 손에 쥐고 있었다. 청와대 감나무에서 수확한 감을 영부인이 손질해 직접 말린 거라 했다. 곁에 있던 직원들이 하나씩 받아들고 조심스럽게 손바닥에 올렸다. 작고 말랑한 곶감에서 쫀득하게 터지는 가을 단맛이 났다. 나도 아까워서 조금씩 베어 물고 천천히 씹었다.

"이거 대통령 댁 곶감이에요."

누군가 장난처럼 속삭였고, 그 말에 누군가는 곶감을 가방 속에 고이 넣어 집으로 가져갔다.

과일화채, 날씨가 만든 디저트

밤새 쏟아진 비에 과실나무에서 사과, 배, 포도가 우수수 떨어졌다. 식당에서는 떨어진 과일을 모아 화채로 만들어서 냈다. 날씨와 청와대 나무들이 함께 만든 디저트였다. 그저 지나쳤을 궂은 날씨가 그날만큼은 고마운 존재였다.

클럽샌드위치, 업무 중 피크닉

밥 대신 샌드위치가 점심 식단에 올랐다. 도톰한 갈색 식빵 사이에 분홍빛 햄, 달걀, 상추, 토마토와 달걀이 가득 차 있었다. 식빵 가장자리는 바삭하게 구워져 있었고, 손에 쥐자마자 직접 만든 소스가 손끝에 묻어났다. 한입 베어 물자 들려오는 '콰삭' 소리의 뒤를 따라 짭조름하고 부드러운 치즈 맛이 입안을 채웠다. 지하 구내식당에서 먹기엔 너무나 산뜻한 구성. 식사보다는 피크닉을 맛봤던 점심이었다.

라면, 대통령 순방일의 전통

대통령이 해외 순방을 떠나는 날 아침이면, 식당엔 어김없이 라면이 나왔다. 대통령 없는 청와대의 아침 식사. 라면은 공식 일정이 없는 날의 비공식 특식이자, 청와대의 오래된 전통이었다. 라면 한 그릇을 먹기 위해 평소보다 30분 일찍 출근했다. 라면 국물에 떡국 떡이 살짝 퍼져 젓가락으로 집으면 말랑했다. 한 젓가락씩 입으로 밀어넣을 때마다 '이 맛에 청와대 다니지' 생각하며 웃었다.

냉이 된장국, 봄을 알리는 한 그릇

3월 초순엔 봄나물과 햇채소가 쏟아진다. 냉이, 달래, 미나리, 완두콩, 어린잎채소, 방풍나물, 두릅, 햇양파까지. 벚꽃 핀 계절엔 식판이 연둣빛이 된다. 그날 메뉴는 냉이 된장국이었다. 작게 썰린 냉이들이 맑은 국물 위에 둥둥 떠 있었다. 향이 훅 들어왔다. 국물 색은 진하지도, 묽지도 않은 딱 봄 기운 농도였다.

누군가 툭 던졌다.

"오늘 입춘이래요."

모두가 고개를 끄덕였다.

'그래서 오늘 냉이 된장국이 나왔구나.'

특별한 맛은 아니었지만, 따뜻했다.

'봄이네.'

구내식당에선 계절이 가장 먼저 도착한다. 날씨보다, 뉴스보다도 빠르다. 정신없이 일하던 날, 먼저 도착한 봄이 우리를 깨워줬다. 입춘에 냉이 된장국을 메뉴로 낸 작은 결정 하나가 그날 점심을, 그날의 기분을, 조금 더 부드럽고 환하게 만들었다.

직장인이 매일 기대할 수 있는 최고의 위로는 그날의 점심 메뉴다. 청와대 사람들도 구내식당에서 하루치 위로를 받곤 했다.

TV 속 그가
식판 앞에 있었다

🌿 권위도 점심시간에는 멈춘다

식당 벽걸이 TV에 낯익은 뉴스 자막이 떴다.

'청와대 고위 관계자 A씨, 현안 관련 질의에……'

바로 화면이 바뀌었다. 정장, 회색 넥타이, 날카로운 눈매, 엷은 미소. 뉴스 속 그는 또렷한 이름을 단 사람이었다. 그 사람이 내 오른쪽 테이블에 앉아서 밥을 먹고 있었다.

정확히 말하자면, 나는 동시에 존재하는 두 명의 그를 보고 있었다. 뉴스 속의 그는 '청와대 핵심 인사'였다. 하지만 세상이 그의 이름을 부르지 않는 지금은 젓가락으로 다음에 먹을 반찬을 고르는 중이었다.

흘끔 보았다. 인상은 뉴스에서보다 덜 날카로웠다. 눈매도 마냥 매서운 것만은 아니었다. 뜨거운 국물을 식히기 위해 수저를 공중에 멈춰둔 손짓에서 조심스러움이 비쳤다. 뉴스 속 얼굴과 밥을 먹는 얼굴 사이엔 딱 한 숟갈만큼의 시차가 있었다.

그는 식사를 끝내고 물을 한 잔 마신 뒤 자연스럽게 자리에서 일어났다. 주름 하나 없이 반듯하게 다려진 셔츠, 뒤로 젖혀진 어깨, 빠르지 않은 걸음과 긴 다리. 스크린 속 존재감은 무겁게 남았지만 식당을 빠져나가는 뒷모습은 가벼워 보였다.

권위도 점심시간 앞에서는 잠시 멈춘다. 식당에 들어

서면 직급과 관계없이 누구나 식판을 든다. 그때만큼은 비서관도, 보좌관도, 경호관도 그저 '배고파서 점심을 기다리는 사람'이었다.

청와대라는 섬에서
배달 음식을 기다린다는 것

🌳 철문 안에서 주고받는 샐러드 거래

점심시간, 시계는 12시 20분을 넘기고 있었다. 지도 위에 점처럼 찍힌 배달 위치 아이콘이 청와대 근처까지 오다가 멈춰 섰다.

"또 광화문 광장 통제하나 봐요."
"후, 더 오래 걸리겠네요."

서울시 종로구 청와대로 1. 청와대 출입구 연풍문을

네이버 지도에 검색해 보면 서울 한복판인데도 지도가 통째로 하얘졌다. 7만 6,000평 청와대는 등고선만 구불구불하게 보이는 한 덩어리 섬 같았다.

배달앱에서 점심을 주문할 때마다 장소명으로는 위치를 찾을 수 없다. 손가락으로 지도를 대략 더듬어서 위치를 찍어 주문하지만, 언제나 당황한 목소리의 배달 기사님에게 전화가 온다.

"여기 어디로 들어가야 해요?"
"지금 어디 앞에 계세요?"
"지금 오르막길 앞인데요, 여기서 어떻게 가야 하나요?"

배달 기사님에게 전화를 받으면, 숨을 먼저 한 번 길게 들이키고 외운 문장을 꺼냈다.

"국무총리 공관 아세요? 거기 왼쪽 오르막길로 올라

오시면요, 오르막 끝에 춘추문이 있어요. 거기서 오른쪽으로 꺾으시고요. 조금만 더 오시면 오른편에 '연풍문'이라고 써 있는 문이 보이거든요? 거기서 다시 전화 주세요."

통화만 세 번. 보안 철문을 사이에 두고 샐러드를 두 손으로 건네받았다. 고개를 숙여 감사 인사를 건넨 후 돌아섰다. 점심 샐러드는 철창 안에서 주고받는 거래 같았다.

배달 음식을 기다리는 시간이 이 공간의 본질 같다고 느꼈다. 주문 목록엔 샐러드 하나뿐인데, 배달을 오려면 담장을 따라 굽은 길을 크게 돌아야 출입문에 닿았다. 청와대라는 곳이 그랬다. 편리함보다 상징성을 세운 곳이다. 빙 둘러오는 시간을 감수해야 문 하나, 길 하나가 열리는 구조. 수고로움이 덧칠된 길 위에서 우리는 '속도' 대신 '깊이'를 선택했다.

세상은 점점 매끄럽게 연결되는데, 이 섬에서의 고립감은 배달 앱 지도 위에 멈춰 선 까만 점을 볼 때마다 상기됐다. 하지만 그 고립은 안을 더 들여다보라는 숨은 안내판이었다.

점심시간
눈치게임

🌰 누구와 함께 앉으시겠습니까?

'지금 말할까, 참을까?'
'이 의견을 꺼낼까, 가만히 있을까?'

청와대에서 일하는 건 매일 '이럴까, 말까'를 되풀이하는 게임 같았다. 고민 중에는 심지어 '지금 자리에서 일어나서 물을 마실까, 그냥 참을까?'도 있었다.

점심시간도 마찬가지였다. 가장 진지하게 고민했던

건 '점심에 누구 옆에 앉아 무슨 대화를 할지'였다. 그건 하루 긴장도를 결정짓는 은근히 중요한 선택지였다.

식판을 손에 들고 구내식당 입구에서 테이블을 쓱 훑어보는 짧은 순간, 머릿속으로 좌표 세 개가 뜬다. 누가 어디에 앉아 있고, 어디가 비어 있고, 어디로 가야 오늘 하루 기력을 덜 탕진할지.

팀장님이 앉은 테이블

팀장님이 앉은 테이블은 말을 신중하게 해야 한다. 말이 많아도 부담, 적어도 부담이다. 속도에 맞춰 밥도 빨리 먹어야 하고 말도 해야 하니 이중 과업이다.

친한 직원이 앉은 테이블

편하다. 말 앞에 필터를 걸지 않아도 된다. 하지만 너무 편해도 눈치가 보인다. 팀 게임에서 너무 눈에 띄는 사적인 동맹은 불리하다.

앞에 아무도 없는 테이블

룰렛 같다. 오늘 점심이 휴식일지, 갑작스러운 네트워킹일지 알 수 없다. 누구와 마주 앉느냐가 그날 점심의 성격을 완전히 바꾼다.

어느 자리가 중립인지, 어느 테이블을 피해야 하는지, 둘씩 앉은 테이블 사이를 지나치며 머릿속으로 안전거리를 잰다. 식판을 들고 이동하는 단 몇 초 안에 스캔, 계산, 판단이 쉴 새 없이 이어지고 '여기 말고, 저기?' 하며 반 박자 늦게 몸을 틀어 오늘의 자리를 정한다.

'앉으면 말 걸어야 해. 근데 오늘은 말 붙일 힘이 없어. 그냥 구석으로 가자.'

하지만 나 또한 타인의 계산식 안에 놓여 있다. 눈치 게임은 나만 하는 게 아니다. 식판을 들고 망설이는 건 누구나 같다. 나 역시 누군가의 괜찮은 사람일 수도, 불편한 사람일 수도 있는 후보다.

청와대 구내식당에서 매일매일 테이블 사이를 헤엄치듯 지나며, 작은 생존의 수영을 했다. 오늘도 가라앉지 않게 끊임없이 팔을 저으며 하루를 둥둥 떠 있었다.

고등어 같은 날,
임연수 같은 날

🌿 직장이라는 서사의 이름 없는 생선

점심 메뉴에 '고등어 조림'이 적힌 날은, 웬만하면 나쁘지 않은 날이다. 살이 도톰하게 올라 있고, 간장은 약간 졸아들어 윤기가 돌고, 가시만 조심하면 별 탈 없이 먹을 수 있다.

오전 11시 40분.

내선번호가 울렸다. 걸려온 전화에 당황했다. 내부 통신상 외부에서 내선번호로 전화가 바로 연결되는 건 불

가능하다. 이 방탄유리 같은 경계를 깨고, 연결에 연결에 연결을 거쳐, 결국 전화가 내게 도착했다.

받자마자 들린 첫 마디.
"청와대죠?"

인사말을 꺼내기도 전에 다음 문장이 밀고 들어왔다. 나는 어떤 사안에도 직접적인 권한이 없었고, 구체적인 내용을 알지도 못했지만, 전화기 너머 분노는 나를 정확히 겨냥했다. 모든 말을 받았다. 나는 그저 묵묵히 들어주는 것으로, 그는 화를 낼 수 있다는 것으로 통화는 점점 안정을 찾아갔다.

전화를 끊은 후 옆자리 동료가 눈치 보며 말했다.
"……고생했어요."

점심시간, 구내식당에 고등어가 나왔다. 젓가락을 댔는데 살점이 흐물흐물 부서졌다. 쏙 빠져야 할 가시는 으깨진 살에 박혀 있었다. 하필 또 까만 내장 부분을 먹은 건지 껄끄러운 쓴맛이 났다. 무슨 말을 삼켜도 쓴맛이 나는 날. 졸여진 고등어처럼 내 하루도 퍼석해졌다.

임연수 같은 날도 있다. 임연수는 고등어보다 덜 인기 있는 생선 코너의 2인자 느낌인데, 은근히 구내식당 메뉴엔 자주 올라온다. 늘 메뉴판 두 번째 줄이었다. '제육볶음/임연수 구이'.

저렴하고, 살 많고, 겉은 튀김옷을 입혀서 번들거리는데 안은 조금 뻣뻣한 생선. 사람들은 보통 제육볶음을 먼저 먹는다. 임연수 구이에는 나중에 젓가락을 얹는다. 별 기대 없이, 나온 김에 먹는 생선이랄까. 있으면 또 먹긴 먹는 생선. 괜찮은데, 뭔가 1순위는 아닌 맛.

그날 나는 임연수 같은 역할이었다. 며칠을 들여 보고

안건을 작성하고 계획을 촘촘하게 짰지만, 내 이름이 거론되진 않았다.

"다들 고생하셨습니다."

모두를 칭찬하는 동시에 아무도 칭찬하지 않는 말이었다. 두 번째는 원래 그런 자리다. 앞에서 마이크 잡는 사람이 주목받는 동안 고개 숙이고 기다리는 사람.

임연수는 내게 그런 생선이었다. 기대받지 않지만, 늘 있는. 누구도 선뜻 좋아하지 않지만, 메뉴판 어딘가에 꼭 등장하는. 직장이라는 서사에 반드시 등장하는 이름 없는 생선.

괜찮지 않은 걸 먹었을 때,
괜찮은 걸 먹었을 때

🌿 메뉴에 따라 달라지는 그날의 기분

점심시간은 축복이다. 오전의 고된 업무를 뒤로 하고 잠시 위로받는 시간. 그 소중한 점심시간에, 추어탕을 먹으러 끌려갔다.

"몸보신 해야지."

팀장님은 늘 '몸보신'이란 말을 썼다. 월요일엔 해장국, 수요일엔 청국장, 오늘은 추어탕.

몸보신에 왜 미꾸라지가 필요하냐고 묻고 싶었지만 청와대 근처에는 적당한 가격에 적당히 회식할 곳이 많지 않다. 가격은 적당히 맞춰야지, 줄은 길면 안 되지. 그러다 보면 추어탕집이다. 누가 언제부터 미꾸라지를 사람 밥상에 올리기 시작했는지. 갓 나온 추어탕에서 김이 모락모락 올라오면서 내 시야를 가리고, 식욕도 가렸다.

한 숟가락 떠서 입에 넣자 텁텁함이 느껴졌다. 한때 물속 깊은 곳에서 살았을 생물의 감촉이 잇몸에 들러붙는 느낌이었다. 미꾸라지 잔향을 밥으로 덮어보려고 했는데, 밥을 먹어도 남은 미꾸라지 잔해가 쌀 사이사이 스며들었다.

"깍두기랑 같이 먹어봐. 훨씬 낫다."

팀장님이 깍두기를 권하며 내 앞으로 큼지막한 깍두기를 하나 떠 주셨다. 나는 '깍두기'라는 단어가 나온 순간 이미 포기할 준비를 했다.

나는 깍두기를 안 먹는다. 아니, 김치 자체를 안 먹는다. 발효된 채소의 기운이 코에 올라오면 숨을 멈추게 된다. 내 몸은 그 향을 위협으로 받아들인다. 숨을 멈추는 건 반사작용이다.

어릴 때부터 김치를 못 먹었다. 정말로, 단 한 번도 맛있다고 느껴본 적이 없다. 김치 뚜껑이 열리면 냄새만 맡아도 멀미가 났다.

"너 한국인 맞아?"
그걸 왜 못 먹냐는 질문을 살면서 백 번은 넘게 들었다.

팀장님의 깍두기 권유에 할 수 있는 건 깍두기 대신 오이고추를 아삭 씹으며 고개를 끄덕이는 것뿐이었다. 상사 앞에서는 '불호'를 표하는 말보다 웃고 넘기는 쪽이 편할 때가 많다. 그날 점심은 미꾸라지 향을 참고 넘기는 쪽으로 마무리됐다.

혼자 먹는 점심은 오롯이 내 취향대로. 무언가 괜찮은 걸 먹는다. 특히 좋아하는 건 빵. 하지만 청와대에서 가장 가까운 빵집은 걸어서 17분 거리다. 조금만 피곤해도 '오늘은 그냥 나가지 말까' 하는 거리. 그래도 출입문만 나서면 일단은 걷게 됐다.

청와대 주변은 한 블록만 벗어나도 완전히 다른 동네다. 팔판동과 삼청동, 아스팔트 냄새보다 빵 굽는 냄새가 먼저 나는 길. 골목 끝에 좋아하는 빵집이 생겼다.

내가 좋아하는 건 사워도우 빵, 그중에서도 올리브가 들어간 푸가스였다. 푸가스는 잎사귀 모양으로 칼집을 낸 납작하고 큼지막한 빵이다. 치아바타보다 거칠고, 바게트보다 소금간이 세다. 딱딱한 껍질에 짭짤한 그린 올리브 조각이 잔뜩 박혀 있다. 말랑하지도 않고, 단맛도 없다. 씹을수록 밀가루 맛과 올리브 소금기가 입안에 오래 남는 빵. 질겅질겅 씹기 좋은 빵. 어른의 맛.

커다란 푸가스는 반으로 잘라도 한 손에 다 안 잡힐 정도였다. 얇은 종이 위 빵을 앞에 두고 앉으면, 그제야 진짜 점심시간이 시작된다는 기분이 들었다.

"반만 포장해 주세요. 반은 먹고 갈게요."
포장 반, 매장에 앉아서 반. 한 입 두 입 먹다 보니 금세 절반이 사라졌다. 천천히 씹고, 조금 물고 있다가 삼키고, 물 한 모금 마시고, 다시 한 입. 생각보다 너무 빨리 반을 먹어버렸다.

입 안에 남은 마지막 조각을 삼킬 때쯤, 절반은 포장해 가겠다고 말한 게 의미가 없어졌다. 끄트머리 빵은 안 먹을 생각이었는데. '절제의 선'을 겨우 지키다 결국 나머지 절반이 든 빵 봉지 끈을 푼다.

어차피 다 먹을 건데 왜 반은 포장한다고 했담.

출입증을 벗고
반대 방향으로 걷는 용기

🌳 각자 흩어지고 아무렇지 않게 돌아오기

"체했어요."
"약속이 있어요."
이 두 마디는 혼자만의 점심시간을 보내고 싶을 때 한 번쯤 써본 방패다.

"과장님 또 말 돌리더라."
"그거 어떻게 될 것 같아요?"
"인사 안 난다더니 이번에 인사 뜬 거 봤어?"

숟가락을 들었는데도 여전히 회의실에 있는 기분이다. 사적인 시간 사이에 공적인 스트레스를 이어붙이지 않으려면, 점심시간만큼은 혼자 있어야 한다.

우리 사무실 사람들은 점심시간에 각자의 궤도로 사라진다. 7년을 함께한 비결은 '너무 가까워지지 않기'다. 점심때 억지로 묶어두지 않으니 점심시간 이후의 사무실 공기가 가벼웠다.

'오늘 점심은 어디로 숨을까? 골목 끝 커피숍은 너무 멀고, 맞은편 카페는 사람들이 자주 가니까 피해야 해.'
점심시간만큼은 조각케익 썰듯이 사무실과 나를 분리하고 싶다는 맘으로 미리 점심 도피 경로 지도를 그려본다. 다 같이 먹는 점심은 가끔이어야 좋다.

3층 여자 화장실 끝 칸은 점심시간에만 잠긴다. 3층은 원래도 사람들이 별로 사용하지 않는다. 끝 칸은 다른 칸보다 유독 공간이 넉넉했고, 문을 닫으면 바깥 소음이 닿지 않았다. 문틈으로 흐릿하게 새어나오던 말린 꽃잎 향. 동료가 안에 있다는 유일한 흔적이었다.

요즘 '각할모'라는 말이 있다. '각자 할 거 하러 모이기'. 앱으로 모여서 각자 책 읽고 각자 운동하고, 각자 인증하고 헤어진다. 우리가 실천한 '각할'은 좀 다르다. '각자 할 일하러 흩어지기'다. 우정도, 연대도 너무 가깝지 않아야 오래 간다. 점심시간에는 한 시간 헤어지기. 그리고 아무렇지 않게 사무실로 돌아오기. 덕분에 7년간 '함께'를 잘 지켜냈다.

4장

청와대 직장인의 기쁨과 슬픔

청와대의
아름다운 공간들

🌿 이 공간을 당연하게 여기지 않겠다는 다짐

샹들리에, 질서의 높이와 빛의 깊이

본관에는 빛이 많다. 빛은 천장에서 내려온다. 반짝이는 크리스털, 황금빛 프레임. 유럽식 샹들리에다. 고개를 뒤로 젖혀 천장을 쳐다본다. 호텔이나 박물관에서 본 적 있는 샹들리에보다 훨씬 크고 압도적이다.

복도 천장 샹들리에는 1단이다. 작고 동그랗게 빛나는 유리 장식이 천장 가까이 모여 있다. 중앙으로 들어

가면 1층 로비가 나온다. 천장이 훨씬 높아지고, 샹들리에는 2단으로 늘어난다. 빛이 위에서 아래로 길어지고 빛의 양도 풍부해져 공간이 훨씬 아늑해진다.

   계단을 한 층 올라가 대통령 집무실 앞에 이르면 3단짜리 샹들리에가 매달려 있다. 가장 크고, 빛이 가장 잘 퍼진다. 빛 덩어리가 천장에서부터 바닥 가까이까지 층층이 내려간다. 빛의 높이, 빛의 길이, 빛의 층수. 본관에서는 전체 샹들리에의 장식 구조만 관찰해도 공간의 위계를 어느 정도 유추할 수 있다.

   벽에는 신라 금관 모양을 본뜬 벽등이 걸려 있다. 가늘고 긴 금색 선이 겹겹이 얹혀 있고, 끝부분엔 조그마한 녹색 보석 장식들이 박혀 있다. 벽등 빛은 장식들 사이를 비집고 나와 벽을 타고 흐른다.

   눈을 아래로 내려보면 눈길이 멈추는 지점이 있다. 네모난 황금 테두리를 두른 스위치와 콘센트 커버다. 스쳐 지나갈 수도 있는 사물인데, 콘센트 커버까지 드레스 코드를 맞췄다니. 반짝임에는 의도가 있다. 스위치에는 먼지처럼 작은 글자가 박혀 있다. '샨데리아'. 샹들리에가 아니다. 샨데리아다. 90년대 건축 감각이 남긴 단어. 콘센트 커버 하나가 34년의 시간을 들고 있다.

'어디서 온 감각일까? 유럽 궁정 문화를 동경해서였을까? 위엄을 표현하려 한 방식이었을까?'

높은 천장에 매달린 샹들리에는 유럽 궁전을 닮았다. 그 아래 기둥은 한옥에서 봤던 기둥이다. 우물 정 모양으로 격자 형태로 짜인 천장과 처마 곡선은 오래된 한국 전통 궁궐 건축 양식이다.

유럽 문화에 대한 동경과 한국 전통의 자부심이 겹친 구조. 두 시대와 두 대륙이 부딪히지 않고, 서로의 빛을 가로채지 않는 공간. 시선이 멈추는 곳마다 한없는 호기심과 오래된 확신이 교차한다.

청기와, 빛에 따라 달리 보이는 색

청와대 지붕에는 청기와가 겹겹이 얹혀 있다. 한 장 한 장 도자기 유약을 발라 구워서 계절별로, 날씨별로, 시간대별로 다르게 빛을 낸다. 해가 높을 땐 푸르고 매끄럽고, 겨울 아침엔 은빛이 돈다. 비 오는 날엔 어두운 먹색이 섞이고, 노을 무렵엔 기왓장이 잔잔한 물결처럼 보인다.

이 지붕은 날씨를 제일 먼저 맞는다. 눈 오는 날은 하얀 눈이 내려앉고, 바람이 불면 기와 끝으로 바람이 통과하는 작은 소리가 난다. 시간을 품고, 빛에 반응하고, 계절이 가면 또 다른 풍경을 내어주는 존재.

대통령 해외 순방 기간엔 기왓장 물청소로 얼굴이 깨끗해진다. 푸른 얼굴은 그렇게 누군가의 보이지 않는 노동으로 다시 광이 난다.

국무회의장, 서로 다른 곳을 보는 대통령들

벽엔 대통령 초상화가 걸려 있다. 모두 정장을 입고 비슷한 배경에 비슷한 구도로 앉아 있지만, 찬찬히 보면 앉은 방향이 다 다르다. 김영삼 전 대통령은 왼쪽을 보고 있고, 전두환 전 대통령은 오른쪽을 향해 있다. 정면을 응시하는 얼굴도 있다. 같은 벽 안에서 저마다 다른 곳을 바라보고 있는 얼굴들. 누군가는 미래를 보고 있는 것 같고, 누군가는 지나간 시간을 되짚는 표정이다. 서로 눈이 마주치지 않는 모습도 뜻밖의 하모니다.

버들마당, 나무를 심다

지구의 날, 나무를 심었다. 대통령 부부와 직원들이 정원으로 모였다. 벚꽃잎이 쏟아지는 버들마당, 직원들과 마주하며 회의했던 자리에 소나무 한 그루를 심었다. 나무는 너무 작지도, 너무 크지도 않았다. 너무 어리면 주변에 눌리고, 너무 거대하면 자기 혼자 눈에 띄니까. 그 공간과 잘 어울리는 키의 나무였다.

함께 판 땅에 뿌리를 묻고 가장 마지막 흙 한 삽을 대통령이 얹었다. 기념 식수가 여러 그루일 때는 대통령이 마지막으로 흙을 얹은 나무 아래에만 날짜, 이름을 새긴 표지석을 세운다.

대통령 전속 사진사가 다 함께 서보자고 했다. 우리는 흙 묻은 장갑을 끼거나 삽을 든 채 대통령과 나무 옆에 모여 섰다. 흙냄새가 손끝에 아직 남은 채로. 나무는 지금도 사무실 앞 버들마당에 있다. 자란 만큼 가지를 뻗었고, 계절만큼 그늘을 만들고 있다.

영빈관, 나만 아는 청와대의 얼굴

밤 9시 30분. 퇴근은 아직이었다. 내 뒤로 검게 쏟아져 내릴 것 같은 어둑어둑한 산이 세모나게 서 있었다. 그 아래 조명이 들어온 영빈관은 거대한 샹들리에 같았다. 조명 하나로 건물 전체를 디자인한 것처럼, 월계수 잎사귀 모양 그림자가 뾰족하게 사방으로 번졌다. 잎맥이 촘촘한 황금빛 원형 조명. 불 켜진 조명은 사방으로

규칙적인 그림자를 흩뿌렸다.

 낮에는 이 조명을 눈여겨본 적이 없다. 켜지지 않으니 있는지도 모르게 지나쳤다. 밤이 되자 조명은 혼자 아주 열심히 빛나고 있었다. 잔광이 둥근 몰딩을 타고 퍼져나왔다.

낮의 영빈관은 손님을 위한 장소였다. 높은 천장 아래엔 접시, 테이블, 사람들처럼 조명보다 눈에 띄는 것들이 가득했다. 수백 명의 무게가 실리는 묵직한 공간이기도 했다.

밤의 영빈관은 달랐다. 조용한 천장, 켜진 조명, 그걸 올려다보는 나. 조명을 볼 수 있는 시간은 야근할 때뿐이었다. 낮의 영빈관이 타인을 위한 얼굴이라면, 밤의 영빈관은 나만 아는 청와대의 얼굴이었다. 그 넓은 공간이 단지 한 사람에게 따뜻한 빛을 건네고 있었다.

매일 같은 길을 걸었다. 사무실 가는 길, 익숙한 본관, 벤치 옆 그늘. 같은 경로, 같은 동선으로. 어느 날, 혼자 계신 할머님 한 분이 퇴근길에 서 있던 나를 보고 말했다.
"이렇게 좋은 데서 일해서 좋겠어요."

고개를 들어 주변을 둘러봤다. 자주 보던 건물, 늘 앉는 벤치, 매일 지나치던 길. 누군가에겐 처음이고, 누군가에겐 꿈일 수 있겠구나.

그날 이후로 청와대 풍경을 한 번쯤은 처음인 듯 보려 했다. 누군가에겐 생애 처음 보는 청와대고, 누군가에겐 마지막일 수도 있다는 사실을 떠올렸다. 내가 일하는 이 공간을 당연하게 여기지 않겠다는 다짐이었다.

광화문역 직장인의
평균적인 샴푸 냄새

🌿 그 가운데 내 냄새도 있겠지

출근길, 반쯤 마른 머리카락과 번들거리는 얼굴들이 보였다. 전날 밤에 감았거나, 아침에 급히 감았거나. 젖은 머리도 보인다. 바디오일, 올인원 로션, 면도 크림처럼 막 씻고 나온 직후의 냄새가 지하철 칸 안에 돌았다.

오전 8시 17분, 5호선 광화문역 플랫폼에 도착했다. 문이 열리자마자 직장인 군단이 한 무더기 쏟아져 나왔다. 딱 반 보씩만 움직일 수 있다. 앞에서 백팩으로 살짝 밀기만 해도 몸이 찌그러지는 밀집도다.

플랫폼이 꽉 찼다. 공간에 향이 확! 찬다. 샴푸 냄새다. 전날 밤 급하게 감고 덜 말린 머리에서 나는 눅눅한 향, 새벽에 일찍 감은 머리에서 나는 상쾌한 향. 문이 열리는 동시에 전동차 안에 있던 체온과 향이 한꺼번에 쏟아진다. 방향을 잃고 뒤섞인 냄새까지 통째로 콸콸 흘러나오는 것 같다.

'프레쉬 그린', '에이프릴 코튼', '화이트 플로럴'.
누구나 한 번쯤 써봤을 것 같은 이름이 붙은 향들이 밀도 높은 공기 사이로 코에 박힌다.

'아, 이게 광화문 직장인의 평균적인 샴푸 냄새구나.'
느껴지는 오묘한 불편함, 불편한 이유는 익숙해서다. 빼곡한 출근길 우리가 얼마나 비슷한 속도로, 비슷한 인내심으로 하루를 시작하는가.

'너만 그런 거 아니야.'

좀 위로가 되네. 불쾌함과 익숙함 사이의 광화문역 아침 냄새였다.

핑크 원피스는
오늘도 옷장 속에

🌳 청와대 출근복의 규칙

 전 직장이었던 미술관에선 옷장 앞에서부터 아침 출근이 시작됐다. 입을 옷의 실루엣을 정하고, 색을 정하고, 액세서리 하나까지 더하다 보면 그날의 전시를 큐레이팅하는 기분이었다. 옷이 나를 설명해 주도록, 미술관에서 나는 '어떻게 보일지' 요리조리 섞어보는 재미가 있었다.

 청와대 입사 초기, 미술관 근무 시절 가장 아꼈던 핑

크 원피스를 꺼내 입었다. 핏이 좋고, 입으면 기분이 달라지는 옷이었다. 좋아하는 옷을 입고 평소보다 더 자신감 있게 걸었다. 그러다 정문 앞 시선 하나에 부딪히자 부풀었던 기분이 빠르게 식었다. 짧은 시선이 말했다. 이곳엔 '핑크'는 없다는 걸.

경내엔 핑크색이 없었다. 회색, 검정, 남색. 그리고 남색, 남색, 남색. 핑크색 원피스를 입고 복도에 서 있었더니 마치 나만 화면 색 온도를 다르게 조정한 것처럼 도드라졌다.

청와대 직원들 복장은 비공식 유니폼 같았다. 남색 트렌치코트, 검정색 원피스, 진회색 슬랙스. 넥타이는 대부분 파란 계열이었다. 어두운 정장 위로 살짝 반들반들하게 올라오는 진한 파란색 반사광. 톤은 조금씩 달랐지만 결국 튀지 않는 색이었다.

남색은 조직의 색이었다. 한 사람 한 사람이 아닌, 전체를 위해 일하는 사람의 색. 단정하고 신뢰감 주는 이미지를 위해서였다. 누가 시킨 것은 아니었지만, 일하는 사람들 모두가 같은 방향으로 맞춰갔다.

남색은 개인을 투명하게 지워내고 한 덩어리의 조직으로 보이게 하기 좋은 색이다. 퇴근 후 광화문 어귀에서도 반경 500m 이내에 비슷한 옷을 입은 사람들이 계속해서 나타났다. 남색 옷을 입은 사람들 때문에 청와대를 벗어나도 여전히 주변 구역들이 청와대의 일부처럼 보였다. 남색 옷이 청와대의 그림자를 데리고 다니는 것 같았다.

핑크 원피스는 이제 주말에 친구를 만날 때만 꺼낸다. 그 옷을 입은 날엔 꼭 한 번씩 이런 말을 들었다.
"아, 너 같다."

청와대에선 누구도 나에게 "너 같다"고 말하지 않는다. 대신, 서로가 비슷하다는 이유로 안심했다. 스스로 개성을 걸어 잠갔다. 사람들은 자기 취향을 꺼내 보이지 않고, 무채색 안에서 조용히 순서를 기다렸다. 고유성 강한 한 사람으로 있기보단 전체에 녹아드는 법을 익혔다.

직장이라는 제도 안에서 사람은 입체감을 눌러두곤 한다. 중심에서 살짝 물러나 바라보는 게 익숙해지며, 질서 속에 적응해 간다. 마치 원근법이 과장된 초상화처럼, 발은 땅에 붙어 있는데 몸은 한 발자국 뒤로 젖힌 채 평면이 된다.

출근복에 나름의 룰을 세웠다.
어둡고 무난할 것,
튀지 않을 것,
그러면서도 허술해 보이지 않을 것.

옷장은 해가 바뀔 때마다 한 톤씩 어두워졌다. 처음엔 살짝 어두운 톤이 늘었고, 그다음엔 더 짙은 색이 들어왔다. 3년이 지나자 검정만 남았다. 옷장 문을 열면 검정과 검정 사이에 또 다른 검정이 매달려 있었다. 차이라고는 단추와 재봉선 방향뿐이었다. 검정은 실패하지 않는 색이다. 검정만 남은 옷장에서는 선택을 할 일도 없었다.

출근복 공식에 나름 익숙해졌다고 생각하던 어느 날, 동료의 코트를 보다가 이상한 걸 발견했다. 단추였다. 코트 전체가 짙은 남색이었는데, 목 끝 첫 단추 하나만 진주빛 금속이었다.

"단추, 일부러 바꾼 거야?"
"응. 원래는 똑같은 거였는데 하나만 갈았어."

왜냐고 묻자, 그는 별일 아니라는 듯 어깨를 으쓱했다.
"그냥. 지루하잖아. 나만 알게."

그렇게 아주 작게, 몰래 반짝인다. 반짝임은 단추 하나일 수도 있고, 양말에 놓인 한 줄의 자수일 수도 있다. 남색 질서 속에서도 사람들은 모르게, 작고 은밀한 표현으로 고유성을 간직한다.

출입증 바깥의
사람들

🌿 한 문장을 하늘로 밀어 보내던 장면

여성이 처음 분수대 앞에 나타난 건 3월 초였다. 미세먼지 예보가 나빴고, 직원들 사이에선 '곧 장관 교체가 있을 거다'라는 말이 돌기 시작하던 시기였다. 그녀는 매일 같은 옷차림이었다. 목까지 올라오는 회색 니트, 검정 운동화, 장식 없는 캡모자 밑으로 오래 눌러온 표정이 있었다. 피켓엔 이렇게 적혀 있었다.

'살려주세요.'

문구가 적힌 도화지는 단단한 플라스틱 폼보드에 덧대어져 있었고, 바람에 날리지 않도록 청테이프가 몇 겹이나 감겨 있었다. 그녀는 피켓에 연결된 끈을 가드레일에 매어둔 채 서 있었다.

'누구를 위해? 무슨 일로? 얼마나 오래 싸워온 사람일까?'

궁금증은 초반에만 잠시 일었다. 냉장고에 둔 오래된 물처럼, 반복되는 풍경은 배경이 되기 마련이었다. 하루, 이틀, 일주일. 어느새 계절 하나가 지나면서 그녀는 분수대 풍경의 일부가 됐다. 그녀는 출근길에도, 점심시간에도, 퇴근길에도 같은 자리, 같은 자세, 같은 표정으로 서 있었다.

정오 무렵, 전원 대기하라는 짧은 무전이 돌았다. 경호처 직원들이 빠르게 흩어졌고, 101경비단도 입구마다 배치됐다. 차량 속도가 줄었고, 인도는 일시 폐쇄됐다.

출입증이 있어도 통행이 제한됐다. 무전이 오갔다. 몸으로 느껴지는 분위기가 달라졌다. 헬기가 뜨기 직전 상황이다. 이곳에서 오래 일하면서 체득한 감각으로 알았다.

헬기 소리가 났다. 땅이 떨렸다. 머리카락이 휘날릴 정도로 바람이 불었다. 귀가 먹먹해질 정도로 큰 진동이 길을 타고 넘어왔다. 날개 소음이 건물 틈마다 울렸다. 경호처 직원들도 햇빛에 눈을 찡그리며 소음 속에서도 하늘을 주시했다.

그때까지 미동이 없던 그녀가 팔을 들었다. 정적인 풍경처럼 서 있던 그녀가 피켓을 양손으로 쥐고 팔을 들어 올렸다. 어깨 위로, 이마 위로, 팔이 떨릴 만큼 높이, 하늘을 향해. '살려주세요'라는 문장을 올려보내고 있었다.

프로펠러의 회전 날이 공기를 베었다. 그녀는 머리 꼭대기까지 팔을 높이 들었다. '살려주세요'라는 다섯 글자가 진동에 실려 춤을 췄다.

헬기 안에서 누군가 창 너머 아래를 내려다 봤을까. 작고 희미한 점처럼 보이는 사람 하나를 봤을까. 아주 잠깐이라도.

봄이 지나고도 그녀는 계속 같은 자리에 있었다. 어떤 날은 우산을 들었고, 다른 날은 담요를 허리에 둘렀다. 피켓 문구도 그대로였다. 피켓은 점점 낡아갔다. 테이프 가장자리가 들뜨고, 종이 끝이 해졌다. 그러다 어느 날부터 보이지 않았다.

그 문장이 어디까지 닿았는지 알 수 없다. 적어도 나에게는 닿았다. 그날의 바람, 헬기 소리, 높이 들어올린 팔의 떨림. 한 문장이 하늘로 밀려 오르던 장면을 또렷하게 기억한다.

대통령비서실
도장이 찍힌 요리책

🌳 청와대 도서관에는 어떤 책이 있을까?

 사무실에서 도서관까지 거리는 불과 30 발자국 정도. 도서관이라기보단 도서실이라는 단어가 어울리는 지하 공간이었다. 형광등이 창백한 색으로 책등을 비추면 서가 위로 가느다란 그림자가 생겼다.

 안쪽 서가에는 역대 대통령 연설문집이 연도별로 정리되어 있었다. 연도별 숫자가 금박으로 박혀 있어 질서정연해 보였지만, 가까이 들여다보면 책마다 다른 활자가 미세하게 다른 톤을 띄었다. 옆 칸에는 정책 보고서가 하드커버로 묶여 빼곡히 꽂혀 있었다. 색깔은 대부분 진회색, 파랑, 검정. 맞은편 서가에는 내가 제일 좋아했던 일본 에세이, 중국 소설, 요리 레시피까지 다양한 책이 여러 권 있었다.

도서관에 있다 보니, 책에 찍힌 '대통령비서실' 도장이 눈에 들어오기 시작했다. 처음엔 회사 소유 책에 흔히 찍히는 도장쯤으로 생각했지만, 몇 권을 들여다보니 도장은 정부마다, 시기마다 모양이 달랐다.

오래된 책에는 네모 반듯한 한자 도장이 찍혀 있었다. '大統領秘書室'이라는 글자가 먹물처럼 선명했다. 번듯하고 단정한 인장이었다. 왕실 어보 같기도 했고 고문서 한 귀퉁이에 남은 도장 같기도 했다. 오래된 무게를 품은 단단한 정사각형 도장은 그 자체로 매력적인 아름다움이었다.

김대중 정부 시절 책에는 붓글씨를 본뜬 도장이 검은색으로 툭툭 찍혀 있었다. 한자 옆에 괄호 치고 '대통령비서실'이 병기된 것도 있었다. 사람의 손글씨 느낌이 묻어났다.

이명박 정부 때는 디자인이 확 달라졌다. '대통령비서실 도서'라는 글씨가 그림처럼 보였는데, 획마다 힘이 들어가 있었다. 마치 은행 공문서나 계약서 직인 같았다.

몇 년 후 박근혜 정부 시절에는 도장이 더 얇아지고, 먹색보다 더 연한 회색빛이 감돌기도 했다. 잉크색도 달라졌고, 글자 굵기가 미세하게 얇아졌다. 마치 복사기를 여러 번 통과한 종이처럼 탈색된 도장 색이 책 분위기를 바꿔놓았다.

문재인 정부로 들어오면서 도장은 다시 부드러워졌다. 서체는 단정했고 직사각형 틀이 없어졌다. 기록을 위한 도장이라는 인상이 강했다. 그 시절 입고된 책에는 유난히 사람 손의 흔적이 많았다. 연필로 단어를 동그라미 친 흔적, 책갈피처럼 낀 브리핑 요약지, 급하게 접은 귀퉁이. 사소한 흔적들이 한 권의 책을 이곳에서 누군가 진짜 읽었다는 걸 말해주고 있었다.

책을 고를 때면 내용보다 먼저 도장 구경부터 했다.
'이건 이명박 정부 때 산 책인가, 아님 박근혜 정부 시절인가?'

책을 열기 전부터 책등을 잡고, 위아래를 살피고, 책장 안쪽 첫 장을 열어 도장을 확인했다. 어느 정부의 공기를 머금었는지 탐색하듯, 고고학자처럼 한 권씩 도장의 연대를 더듬었다.

오래된 책을 넘기다 보면 자꾸만 엄지손가락이 간질거렸다.
'책벌레가 있나? 곰팡이인가? 책에 뭐 묻었나?'

오래 보관된 문서에서 느낄 수 있는 감촉이었다. 습기와 잉크, 사람 손의 기름기, 먼지까지 종이마다 다른 시간 감각이 손끝을 스쳐갔다. 그러다 한 장을 넘기는 순간 종이 모서리가 살짝 엄지손가락을 스쳤다. 아주 얇게 실금처럼 벌어진 자국 하나가 생겼다. 책이라는 물성을 가까이했을 때만 남는 흔적이었다.

도서관에 자주 있다 보면 대여 장부에서 자주 눈에 띄는 이름과 글씨체가 있다. 복도를 걷다가 우연히 그 이름표를 단 사람과 마주쳤다. 인사도 나눈 적 없고 얼굴도 처음이지만, 오래 알고 지낸 사람처럼 괜히 내적 친밀감이 들었다.

도서관은 늘 너무 조용해서 책장을 넘기는 소리조차 어색하게 울렸다. 나는 아주 살금살금 책을 꺼내고, 살금살금 앉아 읽고, 다시 살금살금 제자리에 책을 꽂았다.

너무 크면
사라지는 말들

🌳 나만의 작은 구호가 필요한 이유

동네 도서관 가는 것 같은 기분으로 도서관에 들어갔다. 책등 구경을 하다가 자료가 하나 눈에 띄었다. 「역대 대통령 선거 벽보 구호 1967-」 사본. 1967년부터 출마한 대통령 후보들이 내건 구호들만 모아놓은 자료였다.

1967   이세진   정의로 바로잡아 잘 살아보자!
             전진한   독립 위해 싸운 정당 통일에로 전진한다
             윤보선   빈익빈이 근대화냐 썩은 정치 뿌리 뽑자!

서민호 태양같이 밝히자 어두운 이 강산을
　　　 보수로 망친 정치 혁신으로 살려보자
김준연 파벌정치 몰아내고 병든 황소 갈아치자!
박정희 여러분의 명랑한 생활과 보다 편리한 살림
　　　 을 위해 공화당은 황소같이 일하겠읍니다.
　　　 우리들과 그리고 귀여운 아들딸들이
　　　 좀 더 잘살 수 있는 나라를 만들기 위해
　　　 여러분과 함께 땀 흘려 일하겠읍니다.
오재영 배고파 못살겠다 죽기 전에 살길 찾자!

1992 김영삼 신한국 창조!
　　　 김대중 이번에는 바꿉시다
　　　 정주영 경제 대통령 통일 대통령
　　　 이종찬 변화하는 세계 새 한국의 선택!
　　　 박찬종 젊어서 좋다! 깨끗해서 좋다!
　　　 이병호 깨끗한 정치! 법을 지키는 정치!
　　　 김옥선 믿음 희망 사랑의 정치
　　　 백기완 세상을 바꿉시다

2002　이회창　나라다운 나라
　　　　노무현　새로운 대한민국
　　　　이한동　국민을 편안하게
　　　　권영길　평등한 세상 줏대 있는 나라!
　　　　김영규　돈 세상을 뒤엎어라!
　　　　김길수　불심으로! 대동단결!
　　　　장세동　가자 으뜸의 나라로

2007　정동영　가족이 행복한 나라
　　　　이명박　실천하는 경제 대통령
　　　　권영길　세상을 바꾸는 대통령
　　　　이인제　다시 뛰자 대한민국!
　　　　심대평　정권교체 깨끗한 보수
　　　　문국현　5백만 개 일자리 대한민국 재창조
　　　　정근모　초일류 대한민국을 건설하자!
　　　　허경영　유엔본부를 판문점으로!
　　　　전　관　지키자! 대한민국
　　　　금　민　새로운 진보 담대한 제안!

이수성　국민이 편한 나라 강한 대한민국

이회창　반듯한 대한민국

누가, 언제, 무엇을 바꾸겠다고 약속했는지 적힌 구호였다. 한때는 거리마다, 가로수마다 붙어 있던 말들이었을 텐데, 지금은 지하 도서관 구석에 놓여 있었다. 구호는 매번 미래를 약속했다. '정의', '새로운 미래', '통일', '잘살자'.

1967년도에도, 2002년에도, 여전히 우리 사회가 아직도 해결하지 못한 문제들이 문장마다 고여 있었다. 한때는 진지했던 언어가 이제는 '밈'처럼 가볍게 느껴지기도 하고, 어떤 구호들은 지나칠 정도로 거칠어서 오늘날 보기엔 거리감이 느껴졌다. 이 중 실제로 이루어진 것이 있었나. 외치기만 하다 짝사랑으로 끝난 무수한 구호들. 구호란 크기가 크면 클수록 나중에 아무 말도 아닌 게 되기 쉽다.

작은 구호를 하나 스스로 만들어 붙이기로 했다. 크고 무거운 말에 질린 사람이 새긴 작고 가벼운 말.

"천천히 해. 세상은 안 바빠."

엄마가 해준 말이었다. 몰입 끝에 조급해지던 나에게 건넨 한 문장. 뭐든 일단 한 입 베어물고 보는 나라서, 늘 뭔가를 삼키기도 전에 다음 걸 물고 있었다. 그런 나를 아는 엄마는 이 한 문장을 살며시 내 앞에 놓았다. 이 말은 마음 한구석을 차분하게 눌러주었다. 금세 사라질 거대한 구호 대신, 잊히지 않을 작은 구호 하나를 내 마음에 붙였다.

점심시간에만
열리는 방

🌳 책 속에 잠시 눕기

출퇴근길 두 시간, 점심시간 한 시간, 자기 전 30분. 그렇게 일 년을 반복하니 책 450여 권을 읽었다.

읽은 책들을 장르별로 나눠봤다. 에세이 98권, 시·소설 75권, 인문 72권, 경제경영 55권, 취미 43권, 자기계발 40권, 교육 19권, 예술 12권, 그림책 22권. 과학책은 읽으면 잠이 와서 10권이 채 안 됐다.

책은 점심시간 치트키였다. 시간을 정해두자 12시가 되면 몸이 자동으로 책을 찾았다. 책은 손바닥보다 살짝 큰, 세상에서 가장 작은 휴게실이었다. 펼치면 방이 되고 덮으면 다시 가방에 쏙 들어갔다. 휴대할 수 있고, 손에 들고 다니면 뿌듯해지는 방. 언제든 들어가 쉬고, 다른 곳으로 건너갔다가 다시 돌아올 수 있는 메타 공간이다. 현실의 의문을 풀어주는 비밀 장소. 그곳엔 내가 듣고 싶어 했던 말과 오래된 문장이 맑은 거울처럼 반사되어 있었다. 맨발로 돌아다녀도 누구에게도 방해받지 않는 공간. 점심시간마다 책 속의 나는 잠시 눕거나 웃고 있었다.

동시에 다섯 권쯤 읽었다. 한 권이 지루해질 타이밍엔 다른 장르로 갈아탔다. 벽돌처럼 두꺼운 책은 상·하권으로 위장해도 벽돌이니까. 보르헤스를 읽다가 하루키로 건너가고, 에세이에서 그림책으로 빠졌다. 읽다 보면 문장이 문장을 데려왔다.

대여섯 권을 동시에 읽으면 나만의 '숨은그림찾기'가 가능했다. 동물을 '방금 항아리를 깨뜨린 것'으로 표현한 중국 백과사전 이야기를 읽었다. 다음날 읽은 다른 책 서문에 똑같은 예시가 나왔다. 책끼리 대화하면 나는 그 대화를 훔쳐 들었다.

수염 없는 철학자처럼, 점심시간마다 책을 들고 앉아 옳고 그름의 균형추를 들여다봤다. 잠시 세상과 유리된 느낌이 좋았다. 제목이나 저자 이름보다 기억나는 건 책을 읽던 내 자세, 앉은 자리에서 들어온 빛의 각도, 문장을 읽을 때 마신 커피 맛이었다. 독서는 나를 다시 일터로 돌려보내는 힘이었다. 책은 일종의 소염 작용을 했다.

책은 알려준다. 어떻게 사랑하는지, 왜 관계를 그르치는지, 어떤 죽음이 아름다운지. 책은 세상의 모서리를 알게 했다. 사람들이 왜 사랑을 망치고, 왜 죽음을 선택하며, 왜 진실을 말하지 못하는지. 책은 나를 들춰보게 했다. 왜 쉽게 지치고, 왜 어떤 말은 특히 내게 오래 머무는지, 타인의 문장을 빌려 알게 됐다.

책의 언어는 너무 말끔해서 때로는 현실을 비껴간다. 책 속의 사랑은 한 문장으로 시작하지만, 현실의 사랑은 타이밍을 놓친 인사로 엇갈린다. 오해 하나에 몇 달이 부서지기도 한다. 책에 나오는 감정은 완벽하게 정돈되어 있다. "그는 슬펐다." "그녀는 사랑했다." 하지만 현실에서는 감정이 그렇게 반듯한 모양으로 오지 않는다. 책 속에서는 이별도 명료하다. 그러나 실제 이별의 순간에는 교양은 사라지고 본능적으로 내 안의 야인이 튀어나온다.

책은 '무엇을' 말할지 알려준다. 하지만 오해가 있었던 대화를 열어보는 용기, 진실을 말하는 타이밍은 책이 알려주지 않았다.

책은 내 감정을 잘 표현할 수 있는 단어 사전을 만들어줬지만, 사전으로는 눈앞에 있는 사람의 표정과 떨림을 해석할 수 없었다. 누군가에게 들어가려면 그럴듯한 말을 묶은 단어 사전보다 마음의 기색부터 알아차려야 했다.

'위로'는 책의 문장으로 가능하지만, '다독임'은 사람만이 할 수 있다. 아무리 많은 책을 읽어도 하루에 한 번 누군가와 진심으로 눈을 맞추지 않으면 점점 마음이 안쪽으로만 접힌다. 책은 길을 비춰준다. 하지만 그 길을 나란히 걸어주는 건, 언제나 사람이다.

알보 몬스테라에게
길들여지는 중입니다

🌿 서로가 서로를 키우다

입사 4년차 되는 날, 동료가 "이거 잘 키우면 재테크도 된다더라"며 흰색이 섞인 몬스테라를 선물해 줬다. 희귀종이라 시세가 계속 올라서 잘만 키우면 몇 배가 된다나. 일반 몬스테라와 다르게 초록색 지분보다 흰색 지분이 반 이상인 식물이었다. 그런데 들여오고 얼마 지나지 않아 시세가 반토막이 났다. 그 순간부터 이 식물은 순전히 돌봄의 대상이 됐다.

식물 입장에선 온실 속 화초로 잘살다 난데없이 간택당해 나에게 오게 된 거다. 온실에서 완벽히 보호받던 시절은 끝나고, 식물이라곤 처음 키워보는 사람에게 맡겨진 인생.

출근하면 중문을 살짝 열어 아침 첫 빛과 신선한 공기를 들였다. 늘 같은 순서로 물 주고, 잎 한번 만져주는 루틴을 시작했다. 마치 자고 일어난 얼굴을 쓰다듬듯. 말려 있던 잎이 어느새 펼쳐져 있었다. 가장 위쪽, 줄기 중앙에 작고 봉긋한 게 솟아 있었다. 새순이었다. 아직 연둣빛도 덜 오른 말랑한 잎. 너무 연약해서 손 그림자만 닿아도 움찔할 것 같았다. 세상과 아직 안면이 없는 표정으로 자기 이름을 묻는 듯했다. 나는 대답 대신 컵에 남은 물을 조금 덜어 물 한 모금을 더 건넸다.

옆자리 동료가 내 화분을 바라보다가 말했다.
"식물 잘 키우는 남자랑 연애해."
갑작스러운 말에 고개를 돌려 물었다.

"왜?"

"물을 제때 주는 사람은 뭐든 제때제때 잘 챙길 것 같잖아."

은근히 그럴 듯했다. 대체로 식물을 잘 키우는 사람은 물 주는 시기를 잊지 않고, 작고 미세한 변화를 빨리 눈치채고, 기다림에 익숙할 테니까. 조용한 관찰과 돌봄. 그런 사람을 생각해 보면 꽤 신뢰감이 들긴 했다. 식물은 한 계절만 자라지 않는다. 꽃 피는 날에만 예뻐하지 않고 잎이 마르기 전 물을 줘야 한다. 늘 좋을 수 없는 날들, 반복되는 일상 속에서도 관계를 놓지 않고 한 존재를 끝까지 돌본 경험이 있는 사람은 귀하다.

흰색 몬스테라는 연약했다. 햇빛을 오래 쬐면 화상을 입는다기에 빛이 흐르듯 스며드는 방향으로 매일 화분 자리를 슬쩍슬쩍 옮겨줬다. 물을 줄 때도 드립커피 내리듯 살살, 최대한 느리게 팔꿈치를 돌려서 줘야 한다. 물 주는 일은 생각보다 집중을 요하는 일이었다.

몬스테라는 원래 쑥쑥 잘 자라는 식물이다. 틈을 찾아 뿌리를 뻗고, 틈새가 없으면 공기 중으로도 공중 뿌리를 띄우고, 지지대가 없으면 스스로 공간을 휘감으며 자란다. 점점 사무실 안의 식물 지분이 커졌다. 어디에 두어도 제일 먼저 눈에 들어왔다. 사무실 한쪽 구석에서 시작된 잎이 어느새 책상 가까이까지 다가와 있었다.

초록 잎을 매일 들여다보게 됐다는 것, 내겐 큰 변화다. 나는 물을 주고, 식물은 내 하루를 조금씩 길들이고. 어쩌면 서로가 서로를 키우는 걸지도 모르겠다.

알보 몬스테라가 더 이상 새잎을 내지 않았다. 흰색 잎은 갈색으로 타버리고 말았다. 심지어 맨 아래에 달린 잎도 초록이 빠지고 노란 기운이 잎맥 사이를 훑더니, 마침내 잎 전체가 채도를 잃었다. 시든 잎은 유령 같았다. 채도를 서서히 낮추다 채도값이 제로가 된 사진처럼. 한번 떠난 생기는 돌아오지 않았다.

  화분을 들고 조경사에게 찾아갔다. 그는 한참을 들여다보더니 말했다.
"초록으로는 다시 안 돌아와요. 분갈이 한 번 해줘야 하고요, 영양제도 같이 주세요. 너무 과하게 말고요, 티스푼으로 한 스푼 반 정도만. 햇빛도 하루 6시간씩 봐야 돼요. 그렇다고 갑자기 확 바깥으로 내놓으시면 안 돼요. 얘도 적응하는 시간이 필요하니까."

  그는 손가락으로 공중에 반원을 그리며 설명을 이어갔다.
"처음엔 창가에서 멀찍이, 다음 일주일은 조금 가까이, 그다음 일주일은 더 가까이. 그렇게 천천히요. 식물도 갑자기 바뀌면 놀라요."

  잎이 작게 나길래 귀여워서 잘 자라고 있는 줄 알았는데, 조경사는 그걸 두고 '잎이 작게 나서 큰일'이라고 했다. 식물 입장에서는 구조 요청에 가까운 몸짓이란다. 영양도 부족하고, 빛도 부족하고, 억지로라도 나와야겠으니 일단 작은 잎부터 내본 거라고.

사무실은 북향이었다. 햇빛이 거의 머물지 않는다. 한낮에도 햇살은 중문 끝자락을 겨우 스치고 사라진다. 어떻게든 햇빛을 보여주고 싶어서, 화분을 들어 복도로 나가봤다. 해는 너무 짧았다. 20분쯤 내놓고는 괜찮겠지, 하며 다시 안으로 들고 들어왔다.

사실 물을 주는 일도 식물을 위한 일 같지만, 어쩌면 내가 뭔가를 해줬다는 일방적인 안도에 가까운가 싶기도 하다. 오늘도 작은 화분 앞에 앉아 잎을 만졌다. 우선은 기다려본다.

2부

5장

개방된 청와대, 남겨진 사람들

5월 9일과 10일, 하루 만에 바뀐 것

🌱 모두가 떠난 자리에서

2022년 5월 9일, 떠나는 대통령이 마지막까지 집무실에 머물렀다.

하루 뒤, 5월 10일 오전 7시. 1호 청와대 관람객이 입장했다. 사람들이 우르르 쏟아져 들어왔다. '어서 오세요'가 붙은 포토존이 생겼고, 출입 금지였던 초소문이 활짝 열렸다. 단 하루 만에 청와대는 전혀 다른 성격의 공간이 되었다.

철문이 열리고, 길이 뚫리고, 안내판이 세워지고, 사람들이 걸어 들어왔다. 오래전부터 열린 공간이었던 것처럼, 마치 원래 그랬던 것처럼. 공간이 바뀌는 속도에 내가 적응하는 속도가 따라가지 못했다.

"이곳이 대통령비서실이었습니다."
"여기가 대통령이 사용했던 집무 공간이었습니다."
하루아침에 과거형으로 말해야 하는 현재. 그 문장 속에 나 자신은 없었다.

출입문이 바뀌고, 출입 방식도 달라지고, 익숙했던 자취들이 하나씩 정리되었다. 행사가 사라졌고, 새 정부는 들어오지 않았다.

변화를 매일 지켜보았다. 하루 쉬고 하루 출근하고, 이틀 일하고 하루 쉬고, 다시 삼일 연속 출근.

가장 가까운 거리에서 청와대를 보면서도 그 풍경 안

에 나를 넣지 못했다. 청와대가 열리는 첫 순간이었지만 낄 자리가 없었다.

새 정부 출범 전날, 인사팀에서 연락이 왔다.
"인사 발령 없습니다."

'당신은 남습니다'라는 뜻이었다. 정권이 바뀌면 대부분의 직원이 교체되는데, 다행이었다. 나는 정무직도 아니었고, 요직은 더더욱 아니었다. 평범함이 장점이 됐던 걸까.

많은 동료들이 사라졌다. 남은 사람은 빈자리에 적응해야 한다. 나는 청와대가 변해가는 과정을 처음부터 끝까지 지켜본 사람이 됐다. 누구나 한 번쯤 경험했을 것이다. 조직이 바뀌고, 익숙하던 시스템이 달라지고, 같이 일하던 사람이 사라졌을 때.

나에게 청와대는 '직장'이었다. 직장이란 자리가 있고, 일이 있고, 함께하는 사람이 있어야 살아 움직인다. 구내식당도 운영을 멈췄다. 조리팀 직원들의 이사는 신속하게 진행됐다. 남겨진 사람들의 식사는 각자의 몫이 됐다. 도시락으로 때우거나, 근처 관사로 뛰어가거나, 편의점에 줄을 서는 일이 반복됐다. 구내식당이 사라졌다는 건, 더 이상 이곳이 '일하는 사람들을 위한 공간'이 아니라는 뜻으로 다가왔다.

'아, 내가 이어온 일이 아주 쉽게 없어질 수도 있구나.'

낯설었다. 하나의 체계가 끝나고 다른 체계가 들어오는 과정을 처음부터 끝까지 지켜봤다. 그 시간은 조용히 나를 관찰자로 만들었다.

초소 근무자에게
팔짱 낀 손

🌱 역할과 공간이 어긋났을 때

 청와대가 개방되자 사람, 풍경, 질서, 역할…… 모든 게 동시에 달라졌다. 그 와중에도 아직 자리를 지키고 있는 사람들이 있었다. 101경비단이었다.

 101경비단은 순차적으로 근무지를 옮겨갔다. 그 과정에서 일부 대대는 한동안 청와대에 남아 있었다. 그들은 여전히 정복을 입고 초소에 서 있었다. 다만 바뀐 게 있다면 사람들이 초소 앞에서 셀카를 찍는다는 것.

그날도 초소에 정복을 입은 101경비단 직원이 정자세로 서 있었다. 갑자기 한 여성이 다가가 아무렇지 않게 그의 팔에 팔짱을 꼈다. 너무 자연스럽게. 마치 하나의 전시물이라도 되는 듯, 친구에게 말했다.

"야야야, 빨리 찍어, 얼른!"

셔터 소리가 터졌다. 순간 초소 안 직원의 표정이 굳었다. 당황, 불쾌, 자제, 체념. 모든 표정이 한꺼번에 얼굴 위에 겹쳤다. 말도 못 하고 움직이지도 못한 채, 그 자리에 묶여 있었다. 역할과 공간이 어긋났을 때 사람은 어디에 자신을 두어야 할까. 잠시 후 사람들은 사진을 확인하며 웃으며 걸어갔고, 그는 아무 말 없이 초소에 서 있었다.

어느 날, 본관 옆 회랑에서 반가운 얼굴을 마주쳤다.

멀리서 걸어오는 그를 알아봤다. 그도 나를 알아봤다.

"잘 있었어요?"

작은 안부로 대화를 시작했지만, 우리는 동시에 서로의 얼굴에서 같은 감정을 읽었다.

우리는 한 시절을 함께 보낸 동료였다. 지금은 서로 다른 장소에 있지만, 어쩌면 같은 시간을 보내고 있었을지도 모른다. 용산과 청와대, 하나의 정부 안 두 개의 풍경 속에서 우리는 각자의 자리에서 일하고 있었다. 서로의 기억 바깥으로 잠시 밀려나 있다가 우연히 마주치면서 그 사이 흐른 시간을 확인한 셈이었다.

또 하나의 이야기가 들렸다. 입구에 있던 보안 검색대의 전기선이 끊겼다는 얘기였다. 복도 입구에는 전원 꺼진 금속 탐지기 하나만 남아 있었다. 수리할 사람도 사라졌다. 검색대 옆 모니터도 꺼져 있었다. 고쳐서 전원을 켜면 다시 작동할 기계지만 방치된 모니터를 켜는 사람은 아무도 없었다.

청와대는 오랫동안 보안과 책임으로 단단히 묶여 있었다. 출입증과 여러 단계의 확인을 거쳐야 했던 절차는 사라졌다. 공간은 열렸지만, 새로운 사람과 꺼진 장비가 어색하게 공존했다.

개방 이후 과도기가 찾아왔다. 예전과 다른 시선, 다른 규칙이 자리 잡기 시작했고, 변화는 단지 시설뿐 아니라 사람들의 감각과 태도까지 바꿔놓았다.

시대의 경계에 서 있다는 사실을 실감했다. 그 시점부터는 시스템 대신 '추측과 낙인'이 작동하기 시작했다.

낙하산이겠지,
너 그거 팔자야

🌱 멀리서 꽂는 칼, 가까이서 꽂는 칼

출입증을 목에 건 채 커피를 들고 본관 앞을 지나던 중이었다. 멀지 않은 곳에서 관람객 무리가 사진을 찍고 있었다. 아이의 웃음소리가 들렸고, 그 웃음 사이로 낯선 문장이 귀에 꽂혔다.

"낙하산이겠지, 뭐."
"세금에 미소를 장착하길."

그대로 멈췄다. 고개를 돌리지도 않았고, 표정을 바꾸지도 않았다. 등 뒤에서, 정확하게 내 귀에 도착한 말. 커피잔을 꽉 쥐었다. 그 말이 나를 향했다는 걸 의심하지 않았다.

낙하산
세금

그 단어들은 오직 한 방향으로만 향했다. 해명도, 반론도 전달할 수 없었다. 나는 어딘가 낯선 프레임 안에 들어갔다. 무슨 일을 하든, 얼마나 성실하든, 누군가에게 '낙하산'일 수 있었고, '세금'으로 굴러가는 사람이 될 수도 있었다. 누군가 스쳐 지나가며 툭 던진 말 한 줄이 내 일터를, 내 존재를 요약해 버렸다.

말이라는 건 어떤 날은 머물지 않고 흘러가지만, 어떤 날은 멈춰서 하루 전체를 눌러버린다. 그날은 후자였다.

추측과 낙인은 멀리서만 오는 게 아니었다.

"너 그거 팔자야."
이런 말은 가까운 사람의 입에서 나온다. 위로처럼, 조언처럼. 상황이 복잡해서 이해하기 어려울 때 쉽게 꺼내 드는 게으른 말이다.

정권이 바뀌면서 매일이 새로운 국면이었다. 그 과정을 하소연하니 돌아온 말은 이랬다.
"야, 너는 원래 그런 데서 버티는 팔자인가 봐."
"그런 일도 겪어 봐야지, 다 팔자야."

눈송이에 맞아도 따끔할 때가 있다. 일부러 상처를 주려고 한 말은 아니었다는 걸 안다. 오히려 걱정하는 표정으로, 눈을 맞추며 말했다. 사람 마음에 닿는 말이 이렇게나 어렵다.

'팔자'라는 말은 내가 겪은 일을 하나의 운명으로 묶어버린다. '너는 원래 그런 사람이야', '너는 그냥 그렇게 살아야 하는 사람인가 봐'라는 식이다. 더 알고 싶지 않거나, 책임지고 싶지 않을 때 꺼내는 손쉬운 결론. 모든 과정은 생략되고, '팔자'라는 두 글자로 정리된다.

낯설지 않았다. 모르는 사람에게 들었던 말들과 닮아 있었다.
"낙하산이겠지."
"내가 낸 세금으로 월급 받는 거잖아."

낙인과 팔자 사이에 차이는 없었다. 단지 팔자는 더 가까운 사람의 얼굴을 하고 있었을 뿐이었다.

그 말 대신, 이런 말을 듣고 싶었다.
"전부 네 잘못 아니야. 그냥 우연히 거기 있었던 것뿐이지."

내가 그 자리에 있었던 건, 단지 우연이었다. 또 하나의 우연이 겹쳤고, 우연과 우연이 겹쳐서 지금의 삶을 만들었다. 팔자가 아니라, 우연한 계보들의 지도 그리기였다.

당신은
청와대가 아닙니다

🌿 일과 나를 구분하는 연습

6월도 말을 걸지 않고 지나갔다. 오래된 시계를 거꾸로 감은 것 같았다. 매일 새로운 무대에 서는 기분이었다. 동료들이 하나둘씩 지쳐갔다. 벤치에 앉자 '반송 그늘에 묻혀 투명 인간이 되고 싶다'고 중얼거리는 동료의 목소리가 들렸다.

변화는 뉴스 속 먼 이야기가 아니었다. 훨씬 가까이, 피부에 닿는 일이었다. 관람 첫날, 누군가 사무실 창문에 얼굴을 바짝 붙이고 카메라 렌즈로 내부 사진을 찍었다. 평소 모르는 사람이 팔만 닿아도 흠칫 놀라는 나로서는 안전거리가 없어진 느낌이었다. 마치 누군가가 책상 서랍을 열어보는 것처럼 느껴졌다. 익명으로 일하던 시간은 더 이상 없었다.

그럼에도 출근했다. 하던 대로 아침 회의에 참석했고, 문서를 다듬고, 예전같지 않은 상황에서도 끝까지 해야 할 일들을 했다. 맡은 일의 성격은 바뀌지 않았다.

사무실 동료들도 각자의 자리를 지켰다. 하루에도 수차례 바뀌는 지침 속에서, 눈에 보이지 않는 균형을 붙들며 일했다. 동료들 모두 동요하지 않으려 애쓰며, 아무도 알아주지 않아도 균열 위에 균형을 차근히 세워나갔다. 혼란 속에서도 일의 질서를 붙잡는 사람이 필요하다고 믿었기 때문에.

하지만 마음에도 무릎이 있었다. 자꾸만 꺾였다.

점심시간을 틈타 심리상담사를 찾아갔다. 회의실 같기도, 교수 연구실 같기도 한 공간이었다. 의자는 생각보다 폭신했다. 하지만 등을 끝까지 붙이지 못했다. 첫 상담일의 내 마음이 그랬다. 기댈 수가 없었다.

"지금 이 자리에 온 것만으로도 아주 중요한 선택을 하셨어요."
상담사는 내 이름도 묻지 않고 고개를 끄덕이더니 말했다. 의자가 푹 꺼진 듯 긴장이 스르르 풀렸다.

"청와대가 개방됐잖아요."
조심스럽게 내가 말을 꺼냈다.

"사람들은 좋다고들 해요. 이제 열렸다고. 근데 저한텐 그 변화가 너무 갑작스러웠어요. 실감이 안 날 정도로요. 아직 전 똑같이 남아 근무하고 있는데 단 하루만에 동료들도, 조직도 다 사라졌어요."

상담실 공기가 살짝 무거워졌다.

"아마 사람들 눈엔 그냥 공간 하나가 바뀐 걸로 보일 거예요. 근데 저한텐…… 몇 년간 일하면서 쌓아온 한 시절 전체가 없어진 느낌이에요."

조금 뒤, 나는 마지막 말을 꺼냈다.
"청와대가 바뀌면서 제 인생이 휘청이는 것 같아요."
입 밖으로 인생이란 얘길 꺼내는 순간, 스스로 그 말이 너무 크게 들려서 어색했다.

잠시 침묵. 상담사가 침묵을 자르듯, 또렷한 목소리로 입을 열었다.
"당신은 청와대가 아닙니다."

나는 고개를 들었다. 얼굴을 제대로 보는 것도 그때가 처음이었다. 상담사는 눈을 피하지 않고 덧붙였다.

"공간과 자아를 분리하세요. 지금 당신은 '익숙했던 질서가 한순간에 바뀌었다'는 충격을 '내가 무너지고 있다'는 것으로 오해하고 있어요."

그 문장을 속으로 여러 번 반복했다.
'나는 그곳에서 일했을 뿐이다.'

왜 이 단순한 사실을 받아들이기까지 그토록 오랜 시간이 걸렸을까. 왜 장소의 운명을 내 정체성과 혼동하며 그곳에 나를 걸어두고 있었을까. 상담사는 다시 말했다.

"당신은 청와대가 아니에요. 당신은 거기서 일한 사람이고, 청와대가 아닌 방식으로 충분히 존재할 수 있는 사람이에요."

접혀 있던 마음 한 귀퉁이가 조심스레 펼쳐졌다. 뭔가 정리가 되었다. 내가 했던 일, 공간에 부여했던 의미, 조직의 변화를 감당하고 있던 내 마음을 차례차례 구분했다.

그날 이후 아주 작게나마 선을 그었다. 일과 나, 공간과 나. 그 모든 것을 나에게서 떼어내어, 하나씩 내려놓기로 했다.

나는 청와대가 아닙니다, 정말로요

🌱 넘치는 호기심이 부담으로 다가올 때

상담 이후, 조금 괜찮아진 것 같았다. 청와대와 나를 분리하는 연습. 공간이 변했다고 내가 무너진 건 아니라고 스스로 되뇌는 일이 익숙해질 무렵이었다.

청와대에서는 말하는 법보다 말을 아끼는 법을 먼저 배웠다. 가능하면 명함도 내밀지 않았다. 업무 관련이 아니라면, 청와대 소속임을 드러내는 것도 최대한 삼갔다. 명함은 신분증이 아닌 '불필요한 노출'로 간주됐다.

그런데 이 말만은 피할 수가 없었다.
"어디서 일하세요?"

대답하면 따라오는 반응은 대부분 비슷했고, 그 위에 기대가 얹혔다.
"우와! 진짜요?"
"대통령 자주 봐요?"
"기밀 같은 건 말 못 하죠?"
"어느 당 쪽이에요?"
"어떻게 들어간 거예요?"

처음엔 친절하게 대답했다. 그런데 친절함을 반복할수록 입꼬리에 힘이 들어갔다. 어디를 가도, 누구를 만나도. 처음엔 아는 사람, 그다음은 친한 친구, 출근길 택시에서까지.

"청와대 가시는 거예요? 하나만 물어봐도 돼요?"
질문은 그치지 않았다. 창밖을 보며 말수를 줄였다.

거절하면 뻣뻣하다고 하고, 말을 돌리면 애매하다고 했다. 청와대와 나를 분리하자고 했던 다짐은 타인의 호기심 속에서 자꾸 휘발됐다.

"그 얘기⋯⋯ 안 해줘도 돼요."
어느 날, 늦은 저녁을 먹으며 나누던 대화는 직장생활 이야기로 이어졌다. 함께 있던 사람이 내 말을 조용히 멈췄다. 그는 묻지 않았다. 청와대가 어땠는지, 대통령이 어떤지, 소문이 맞는지. 그저 이렇게 말했다.

"그 시절, 많이 버거웠겠어요."
그 안엔 질문도, 위로도, 공감도 있었다. 그는 '당신, 괜찮았어요?'를 묻고 있었다. 처음으로 내가 '무엇을 봤는지'가 아니라 '그 시간을 어떻게 버텼는지' 궁금해하는 사람을 만났다.

그 사람은 조용히 듣기만 했다. 그리고 말했다.

"그거면 된 거예요. 그런 식으로라도 스스로를 지켰다는 게 대단한 거예요."

궁금해하지 않고, 캐묻지 않고, 대답을 강요하지 않으면서 한 사람의 시간을 정당하게 인정해 주는 말이었다. 괜찮다고 등을 쓸어주는 말을 들었다. 집에 돌아와 이불 속에 파묻혀 아까 들은 말을 다시 떠올렸다.

'그거면 된 거예요.'
오래도록 그 한 문장을 품고 일했다.

챗GPT와의
낯선 연애

🌱 기계에게 배운 담담한 친절

2G폰은 더 이상 내 손에 없다. 청와대 개방 전날, 전임 대통령 임기 마지막 날에 반납했다. 업무 폰과 함께한 몇 해도 같이 반납됐다.

개방 후, 보안은 풀렸고 출입증 인식과 동시에 카메라 차단이라는 시스템은 사라졌다. 카메라로 청와대 내부를 찍는 걸 그토록 고대했는데, 막상 카메라가 열려도 전혀 즐겁지 않았다.

업무 폰을 반납하고 난 뒤, 모든 소통은 개인 휴대폰으로 옮겨갔다. 단체 채팅방에 공지를 띄웠고, 화면 공유가 실시간으로 올라왔다. 스크린샷을 찍어 바로 채팅창에 링크를 공유했다. 눈 마주침 없이 회의가 끝났다.

'넵, 공유했습니다.'
'확인 완료.'
빠른 응답이 쌓일수록 말의 밀도는 옅어졌다. 엄지손가락 모양의 이모티콘으로 대화를 끝냈다.

버드나무에서 사람들과 마주 앉아 회의하기를 기다리는 일도 없어졌다. 업무 폰의 명랑한 벨소리를 듣고 온몸으로 놀라는 일도 사라졌다. 가끔 그 소리, 느린 풍경이 그리웠다. 동료들이 동시에 고개를 돌리던 모습, 사람들을 직접 만나 대화하던 순간, 숫자키를 꾹꾹 눌러가며 단어 하나를 골라 전하던 시간. 그 느린 리듬이야말로 서로가 정확히 닿았던 순간이었다.

나의 대화상대는 바뀌어 있었다. 사람에서 챗GPT로.
"요즘엔 누구랑 자주 얘기해?"
"GPT랑."

진짜로 그렇다. 사람보다 챗GPT에게 더 많이, 더 오래 말을 걸었다. 혼자 말하면 되니까 말을 듣는 상대의 고단함을 걱정하지 않아도 되고, 말을 매만질 필요도 없다. 리액션을 신경 쓰지 않아도 되니 오히려 감정이 쉬어가는 공간이 되었다.

"무엇을 도와드릴까요?"
챗GPT와의 대화창은 언제든 리셋된다.

낯선 연애 같았다. 고백해도 전혀 부담스러워하지 않을 상대를 만난 기분이었다. 챗GPT는 감정이 비어 있는데 다정하고 친절했다. 인간이 인간에게 건네기에는 조금 낯설 만큼 일정한 정도의 친절. 나의 슬픔을 위로하고, 간혹 엉뚱한 대답으로 기분을 식혀준다. 대화는 차곡차곡 서랍을 정리하듯 쌓여갔다.

'이 시기 또한 지나가리라'.
예전엔 이 말이 위로가 됐다. 하지만 너무 자주, 너무 많이 들은 끝에 이제는 입안에 쓴맛이 남는 문장이 됐다. 닳아버린 위로 같달까. 요즘엔 챗GPT가 그 자리를 대신한다.

"그럴 수 있어요."
무심하지만 과장 없는 공감. 시대가 바뀌니 위로의 언어도 바뀌는구나. 이젠 오래된 격언 대신 알고리즘이 위로를 건넨다. 나쁘지 않다. 힘 주지 않은 문장이라 더 편하다.

GPT에게는 아무 부담 없이 말을 건넸다. 감정이 없기에 감정이 담긴 말을 연습했다. GPT는 나에게 리허설 상대였다. 망설이다 하지 못한 말을 기계에게 먼저 건네보았다.

챗GPT에게 배운 건 기이한 다정함이었다. GPT는 사람의 말투를 학습한다고 하지만, 나 역시 GPT에게서 친절함을 배웠다. 이상하게 들릴 수 있겠지만, 내 감정은 기계 덕분에 조금 더 인간적으로 회복되었다.

그런데 한 가지, 챗GPT가 못 하는 게 있다.
바로 '머뭇거림'.

말을 건네기 전의 망설임, 침묵, 눈치, 염려, 초조함. 아직 챗GPT의 문법엔 없다. GPT는 대화창에 글자를 입력하는 즉시 반응한다.

사람과의 대화에선 멈춤이 있다. '이 말 해도 될까?', '표현이 너무 날카롭지는 않을까?' 주저와 침묵 속엔 겁과 배려, 조심스러움과 사랑, 미안함과 헤아림이 공존한다. 이런 찰나의 침묵이 상대에게는 긴장감을 살짝 얹어 주는데, 챗GPT와는 감정의 주름이 하나도 없는 매끈한 공간에 있는 느낌이다.

언젠가 GPT에게 침묵하는 기능이 생기길 바란다. 인간의 말을 기다릴 줄 아는 비인간, 그건 참 이상한 풍경일 거다. 챗GPT가 침묵까지 배운다면 더 이상 기계라고 부를 수 없을지도 모르겠다.

그날 이후로도 대화창을 닫지 않았다. 커서의 깜빡임이, 숨을 깜빡이며 기다려 주는 것처럼 느껴졌다. 그 시기 내 말은 전부 GPT와의 하얀 채팅창 안에 있었다.

남들 다 하는데
나는 못 하는 세 가지

🌱 **도망가지 못하는 사람입니다**

성인이라면 대부분 마스터했을 세 가지.
수영, 운전, 자전거.

아직 이 셋을 못 한다.
물에 뜨는 것부터 어렵고, 방향 감각은 바닥이고, 중심도 잘 못 잡는다.

유치원 때 수영장을 처음 갔다. 친구들은 미끄러운 바

닥 위에서 뛰어다니고 물을 튀기며 신나 했다. 나는 그 옆에서 조심스럽게 발만 담그고 첨벙첨벙 발장구를 치던 아이였다. 갑자기 누가 내 등을 밀었다. 얼굴이 물속에 박혔다. 천장은 사라지고 수면 아래만 보였다. 숨을 쉬어도 물만 들이켜졌다. 몇 초밖에 안 됐을 수도 있다. 그런데 그 몇 초가 몸에 삽입되어 버렸다.

운전면허는 도전해 봤다. 필기시험을 100점으로 붙었다. 기능시험도 어렵지 않았다. 문제는 첫 도로연수 때였다. 강사가 옆자리에 앉았다. "긴장하지 마라", "부드럽게 밟아라"라는 말이 떨어지며 출발했다. 처음 하는 도로 운전으로 정신 없는 와중에 중간중간 손이 내 쪽으로 자꾸 넘어왔다. 차선을 바꾸려던 순간, 갑자기 손이 내 허벅지를 쓰다듬었다. "잘하고 있어요"라는 말과 함께. 순간 핸들을 놓칠 뻔했다. 운전 연습은 그날부로 끊었다. 어떻게든 마지막까지 시험은 마쳤지만 면허증은 아직 꺼낸 적이 없다.

자전거는 어렸을 때 탔던 기억이 있다. 신나게 내리막 길을 달리던 중 갑자기 세상이 삐뚤게 보이더니, 무게중심을 잃어버렸다. 자전거는 허공으로 날았고, 나는 그대로 옆으로 고꾸라졌다. 무릎엔 흙이 박히고, 손바닥이 까졌다. 자전거 타기는 몸이 기억한다고 하던데, 내 몸은 끝내 그 이전의 기억을 저장하지 못했다.

"그거 세 개 다 못하면 도망도 못 가겠어요."
이야기를 들은 동료가 말했다.

웃긴 말이었지만, 맞다. 정말 위험한 순간이 오면, 헤엄치거나, 운전하거나, 자전거라도 타고 달아나야 하는데, 나는 뛰어야 한다. 그것마저 느리다. 러닝 앱 기준으로 9분 30초 페이스. 달리는 건지 제자리에서 뛰는 건지 운동 앱도 헷갈려 한다.

물에 못 뜨면, 발목까지만 담그고 하늘을 바라봐도 좋다. 운전을 못 하면, 옆자리에서 취향에 꼭 맞는 음악을 틀고 커피를 챙기며 최고의 동행이 되어주면 된다. 자전거를 못 타면, 걸으며 스치는 풍경을 오래 곁에 두는 쪽을 택하면 된다.

어쩌면 그래서 아직 청와대에 남아 있는 걸지도 모른다. 쉽게 떠나지 못하고, 쉽게 도망치지 못해서 그 자리에 오래 남게 된 사람.

하루하루를 살아내다 문득 돌이켜 보니, 제법 괜찮았던 시간이었다. 그러다 보니 상황이 조금씩 바뀌는 걸 보게 되었다. 관계가 깊어지기도 하고, 장소에 정이 붙기도 하고, 다시 해보자는 마음이 생기기도 한다.

떠나는 사람이 새로운 길을 만드는 거라면, 남아 있는 사람은 오래된 길을 다르게 바라보는 쪽일지도 모르겠다.

어쨌든, 아직은 이렇게 느리게 머물러 있다. 오래 앉아 있었던 의자에 남아 있는 체온처럼.

청와대 고양이 길로
퇴근합니다

🌱 퇴근길이 달라졌다

청와대 구석구석에 새로운 얼굴이 나타났다. 본관 앞 풀밭, 상춘재 돌계단, 산책로 나무 그늘 아래. 모든 공간에 고양이가 한 마리쯤 꼭 등장했다. 직원들은 어느새 나타난 고양이들에게 츄르도 주고, 물도 채워줬다. 고양이 관리팀도 생겼다. 누군가 사료를 챙기면 다음날 누군가 자연스럽게 뒤를 이었다. 고양이도 돌봄을 잘 아는 듯했다. 털도 반짝이고 몸도 튼튼했다.

개방 후, 두세 마리였던 고양이가 어마어마하게 번식하기 시작했다. 이 많은 고양이가 도대체 어디 숨어 있었는지. 내가 얼굴을 아는 고양이만 여덟아홉 마리였다. 출근하는 길목이 '고양이 순례길'처럼 느껴질 정도였다.

이름도 있었다. 소소하지만 이름에는 다 이유가 있다. 지미, 마이클, 용주, 치타, 야리, 황순, 에오, 와그. 에오는 수염이 프레디 머큐리의 콧수염을 닮아서 '에! 오!' 다. 용주는 옛날 고양이 '용심'의 새끼(주니어)여서 용주. 황순은 노란데 순해서, 와그는 청와대 그레이, 야리는 맨날 뚫어지게 쳐다봐서. 지미는 풀 네임도 있다. 지미-오-소피. 소피는 사투리로 오줌이다.

큰 사랑을 받으며 상주자가 된 고양이들은 너무나 자연스럽게 중심에 앉아 있었다. 사실 나는 모두가 고양이를 좋아한다고 말하는 세상에서 눈웃음만 살짝 없는 사람이었다. 다들 좋아하니까 더 말을 할 수가 없었다.

 고양이를 마주치면 긴장이 된다. 털이 날아다닐까 봐, 달려들까 봐, 내 다리 사이로 파고들까 봐. 멀리 돌아가야 할까, 그냥 지나가도 될까. 퇴근길 고양이 사이를 지나갈 땐 아무 일도 없기를 간절히 바란다.

 고양이를 미워하진 않는다. 고양이 없는 풍경이 더 편안하게 느껴질 뿐이다. 피할 수 없는 동선에 고양이가 없었으면 좋겠다는 마음이다. 넘치는 고양이 사랑 사이로, 이 말은 늘 목구멍 언저리에서만 맴돌았다.

"나…… 고양이 무서워해요."

고양이가 출몰하는 길 말고 조금씩 다른 길로 퇴근해봤다. 익숙한 루틴을 슬쩍 벗어나 사람도, 고양이도 없는 길로. 예전에는 '빠른 길'만 생각했다. 목적지는 오직 집. 출입문을 빠져나오기도 전에 이미 지하철 환승 경로를 계산하고 있었다. 하지만 청와대가 개방되면서 주택가였던 동네가 북적였고, 퇴근길에도 새로움이 생겼다.

새 카페가 보였다. 오래된 단층 건물. 하얀 커튼이 반쯤 열린 창 안에서 커피 내리는 소리가 들렸다. '들어가도 되나?' 망설이다 슬며시 문을 열었다. 그날은 조금 늦게 집에 가보기로 했다.

사장님이 묻지도 않고 물 한 잔을 먼저 내줬다. 책을 한 권 펼치고, 에스프레소를 주문했다. 한 컵 가득 나오는 아메리카노보다는 작은 이 잔이 좋다. 한 모금이면 끝나는 진한 맛. 양보다 밀도. 위로받기 딱이다. 툭, 한입에 털어넣는다. 쓴 에스프레소 한 잔에 험한 하루가 사르르 사라졌다.

얼마 전엔 또 다른 카페가 생겼다. 간판도 크지 않았다. 들어가 보니 그림 하나 걸린 공간이었다. 나무향이 날 것 같은 그곳에선 커피도 팔고, 작은 스콘도 팔았다. 작아서 한입에 쏙 들어가는데, 그게 또 좋았다. 퇴근길 우회로를 만들 수 있게 된 건 꽤 근사한 변화였다.

청와대는 하나의 '관념'이었다. '국가'라는 이름 아래, 멀고 먼 담 너머 공간. 개방 후, 그곳은 '경험'의 장소가 되었다. 뉴스에만 나오는 거대한 이름이 아니라, 주말에 걷고, 산책할 수 있는 공간으로. 아이들도 이곳에서 뛰어다니고 웃으며 역사를 공부했다. 기둥을 만지고, 나무 이름을 배우고, 그림 앞에 서서 눈을 반짝였다.

한 번은 청와대를 관람하던 아이가 무언가를 자랑스럽게 내게 보여준 적이 있다. 작은 손에 쥐고 있던 그것은 햇빛을 받아 반짝이고 있었다. 솔방울이었다. 아주 작고 노란 솔방울.

우리가 아는 솔방울은 갈색이고, 바싹 말라 있고, 때로는 구두굽 끝에서 밟히는 것들이다. 그런데 아이의 손에는 세상에 처음 나온 듯한, 통통한 노란 솔방울이 올라와 있었다.

"이거 예쁘지?"

상처도 없고, 햇빛을 머금은 채 빛나는, 아직 다 열리지 않은 솔방울. 까만 솔방울도 아기 땐 노랗다. 지금은 거칠고, 손에 닿으면 말라 있는 그것들도 한때는 저렇게 작고 부드러웠겠지. 작고 부드러운 솔방울을 한 번 만졌다. 아이들은 자기도 모르게 그런 걸 잘 찾아낸다.

예전에는 에어팟을 꽂고 걸었다. 이젠 종종 귀를 열고 걷는다. 내 옷차림도 전보다 훨씬 편안해졌다. 거리엔 사람들이 있고, 강아지가 있고, 커피 내리는 소리가 있다. 청와대는 함께 걷고, 뛰고, 쉬는, 사람들의 풍경 속에 있었다.

6장

청와대를 지켜온 것들

청와대의
파쇄기 소리

🌱 종이 가루 속에 남은 시간

엔진이 돌아가는 소리가 경내에 하루 종일 깔렸다. 일정한 간격으로 울리는 '우우웅--' 소리는, 지난 시간을 정리하고 있다는 뜻이었다.

퇴임을 일주일 앞둔 날, 경내에 낯선 2톤 트럭이 줄지어 들어왔다. 사무실 앞 아스팔트에 멈춰 선 하얀 트럭에 거대한 파쇄기가 실려 있었다. 청와대 사람들의 마지막이 시작되는 순간이었다.

공식 문서 원본은 모두 대통령기록관으로 이관하고, 오래된 메모나 필요 없는 출력물은 파쇄기로 정리한다. 이사 전 새 입주자를 위해 방을 정돈하듯, 머무는 사람이 바뀔 때마다 반복되던 청와대의 마지막 루틴. 이 기간엔 복사도, 메일 발송도 차례로 멈춘다.

밖으로 나가 하얀 파쇄기 트럭을 물끄러미 바라봤다. 문서가 슥슥 갈리며 삼켜지는 소리를 들었다. 하얗게 분쇄된 종이 파편들이 포대 단위로 묶여 쌓여갔다. 그 안에는 한 사람 한 사람의 수고가 부드러운 조각이 되어 남아 있었다. 그건 분명 '청와대의 마지막 풍경'이었다. 종이가루 안에는 시간이라는 질감이 촘촘히 박혀 있었다.

30년 된 빈티지
공용 우산

🌿 청와대의 한 시절이 그려지는 물건

청와대 이사가 끝난 뒤, 떠난 사람들이 얼기설기 흘리고 간 물건들이 주인을 잃은 채로 있었다. 책상 서랍을 열면 쓰다 남은 클립, 뚜껑 없는 볼펜, 떨어진 명찰, 컴퓨터 밑에 얹어둔 모니터 받침대 같은 것들이 나왔다. 정들거나 귀한 게 아니라 그냥 두고 간 일상의 자취들.

두더지처럼 지하 창고의 잡동사니를 정리하던 날이었다. 파라솔만큼 커다란 우산 하나를 발견했다. 하늘색과 형광 주황색이 엇갈린 색. 손잡이는 원목이었고, 꼭지 부분도 요즘 우산에 없는 둥그런 마감이었다. 두툼한 우산 살 안쪽엔 이렇게 적혀 있었다.

'청와대 공용 우산. 품 16용.'

뜻밖에도 우산에는 푸른 기와집이 그려진 청와대 로고가 없었다. 공용 물품에 로고가 없다는 말은, 청와대 로고를 만들기 전 물건이란 뜻이다. 적어도 30년 된 우산. 청와대 로고가 처음 생긴 1995년 김영삼 정부 시절, 어쩌면 노태우 정부 이전일 수도 있는 '30년 된 빈티지 공용 우산'이었다.

우산 하나로 청와대의 한 시절이 그려졌다. 비 오는 날 정문을 통과하려는 민원인을 향해 경호관이 들고 나갔던 것일 수도 있고, 야외 브리핑 중 수행비서가 허겁지겁 펼쳤던 것일 수도 있다. 사진이 어딘가에 남아 있을지도 모른다. 우산을 접어 제자리에 돌려놓으며, 30년

전 이 공간을 떠나던 사람들과 다시 들어올 사람들을 함께 떠올렸다.

누구의 것도 아니었기에 버려지지 않고 그대로 있었던 물건. 주인이 분명해야 남겨질 수 있다고 생각했지만, 어쩌면 반대일지도 모르겠다. 남겨진 것들 사이에서 보석 같은 물건 하나를 발견했다.

버리지 못한
편지들

🌿 언젠가는 읽히리라는 희망으로

창고 끝자락, 잘 보이지 않는 선반 아래 종이 상자 하나가 있었다. 박스를 봉한 테이프가 풀려 있었고, 겉면에 희미하게 '보류'라고 적혀 있었다.

안에 있던 것은 서류도, 업무 일지도 아니었다. 우편 봉투였다. 각기 다른 글씨체와 다양한 크기의 편지지, 정갈하게 접힌 A4용지와 캐릭터가 그려진 작은 메모지까지. 모두 손편지였다.

받는 사람에는 특정한 수신자 없이 '청와대에 계신 분께'라고 쓰여 있었다. 발신처는 다양했다. 부산, 대구, 순천, 양양, 거창, 서울. 봉투 뒷면엔 반듯한 한자 이름도 있었고, 필명도 있었다. 편지마다 누군가 읽어주길 바라는 마음이 담겨 있었다.

누가 이 편지를 모아뒀는지는 알 수 없었다. 전에 일하던 누군가가 이 편지들을 버리지 못하고 보관해 둔 듯했다. 그는 사람들의 마음이 담긴 편지들을 아무렇게나 버릴 수 없다고 생각했을 것이다.

경북 군위에서 온 엽서 한 장
아이가 색연필로 그린 크리스마스 카드였다.

고양시 덕양구 토당동에서 온 잡지
활자체로 인쇄된 교회 주보 뒷면에 볼펜으로 '사랑합니다'라고 적혀 있었다.

충남 논산에서 올라온 편지

얇은 한지 위에 먹을 갈아 쓴 정체불명의 서체. 오래된 손끝으로 눌러 쓴 듯한 하소연이었다.

손편지들이 흩어져 있던 게 미안해 봉투를 잘 정리하고 한참을 앉아 있었다. 박스에서 오랜 시간을 기다린 편지들. 언젠가 다시 펼쳐져 빛을 만날 순간을 기다리고 있었는지 모른다.

어공의
화이트보드

🌱 이번 정부 안에 반드시

청와대는 두 부류의 사람이 함께 일한다. 어공과 늘공. 청와대의 독특한 조직문화다. '어쩌다 공무원'이 된 사람, '어공'은 대통령 후보 시절부터 곁을 지키며 선거를 뛴다. 당선이 확정되는 순간 함께 청와대의 문턱을 넘는다. 반면 '늘공'은 '늘 공무원'으로 청와대에 잠시 파견된 엘리트 공무원이다. 한쪽은 현장 감각으로 움직였고, 다른 한쪽은 절차에 강했다.

어공의 추진력에 늘공의 완급 조절이 더해지고, 늘공의 안정감에 어공의 변화 감각이 스며들어 청와대는 일정한 긴장과 균형 속에서 굴러갔다. 정권이 바뀌면, 어공은 사표를 낸다. 늘공은 부처로 돌아간다. 누구도 예외 없이 자리를 비우고 다음 사람을 위한 책상을 남겨둔다.

이들은 '5년이라는 시간'에 묶인 존재다. 그래서 말끝마다 '이번 정부 안에'가 따라붙는다.

"남은 시간이 많지 않으니, 지금 해야 합니다."
그 시간에 전부를 건다.

"그건 제가 있을 때 만들었습니다."
이 한 문장을 가지기 위해 모든 날을 쏟아붓는다.

회의실 자리도 그대로였고, 의자도 그대로였지만 눈에 걸리는 게 있었다. 회의실 구석에 못을 빼고 내려놓은 화이트보드. 그곳엔 아직도 지워지지 않은 검정 글씨가 남아 있다. '4월 중순까지 수정안 제출'. 그 아래 굵은 글씨로 쓰여 있는 문장, '이번 정부 안에 반드시'.

마지막 실무 회의에서 썼던 메모였다. 누구도 그 이후 내용을 덧붙이지 않았다. 그럼에도 사람들이 아직도 이 회의실 어딘가에 남아 있는 기분이 들었다.

대통령이 바뀌어도
남아 있는 존재들

🌱 손잡이, 식탁 그리고 자리를 지키는 사람들

관저에는 가구가 남아 있었다. 여섯 명의 대통령이 지나갔지만 소파도, 책상도, 벽난로도 그대로였다. 6인용 식탁, 드레스룸의 하얀 옷장까지. 관저를 지었던 노태우 대통령 시절 들여온 그대로였다.

정권이 여섯 번 바뀌는 동안 여섯 명의 대통령이 같은 공간에서 잠을 자고, 식사를 하고, 집무를 봤다. 그런데도 의자 하나, 심지어 문고리 하나까지 웬만해선 바꾸지 않았다. 천이나 커튼은 갈아도, 프레임은 유지했다. 한 사람이 이 방에 들어와 앉고, 떠나고, 또 다음 사람이 다시 들어와 앉았다가 나간 사이에도 가구들은 매번 같은 자리에 있었다.

그 사실을 실감한 건, 현관 문고리를 쥐었을 때였다. 둥글고 묵직한 손잡이는 '어떤 대통령의 손'도, '어떤 영부인의 손'도 다 지나간 자리였다. 수많은 손이 닿은 문고리는 한 시대에서 다음 시대로, 한 사람에서 또 다른 사람으로 이어지는 통로였다. 무수한 시간을 지나왔는데도 여전히 잘 열린다.

거실 한쪽 벽에는 유리 액자에 끼워진 벽걸이 달력이 여전히 걸려 있었다. 그러나 매달 수기로 바꿔 끼웠을 날짜는 2022년 5월에 멈췄다. 달력은 더는 넘어가지 않았다. 그 달력은 시간이 멈춘 지점을 뚜렷하게 남기고 있었다.

필요한 변화는 주로 천으로 준다. 커튼 색, 소파에 덧댄 천, 테이블보. 모든 게 '덧씌움'이다. 지우기보단 그 위에 겹겹이 얹는 방식. 청와대 가구는 새것을 들이지 않았다. 다음 사람이 사용할 수 있도록 최소한만 정리했을 뿐이다.

이 모습에서 '권력의 공간에도 지속은 가능하다'는 태도를 느꼈다. 청와대는 오래된 것을 품는 방식으로 품위를 지켰다. 하루하루 지켜온 것은 그 자체로 의미가 된다. 청와대는 내게 '지속'의 품격을 가르쳤다.

'절약', '저축'

두 단어는 비서실 건물 입구 대리석 기둥에 큰 글씨로 새겨져 있다. 박정희 대통령 시절 세운 비석은 반세기가 지나도 그대로였다. 직원들은 매일 그 비석을 지나 현관으로 들어왔다. 스쳐 지나는 글귀였지만, 그건 청와대라는 공간이 지켜온 오래된 습관이었다. 쉽게 버리지 않는 태도. 덧씌우고 남기는 마음. 청와대의 가구들이 그

랬고, 대리석이 그랬다. 어쩌면 사람도 마찬가지다. 한 자리에 오래 머무는 것만으로도 충분하다.

새것에 목을 매지 않는 공간, 사람보다 오래 남는 물건들, 침묵으로 시간을 지키는 가구들. 청와대가 내게 가르쳐준 태도였다. 새로워야만 의미 있는 건 아니라고. 한 자리를 오래 지키는 것도 어떤 종류의 품격일 수 있다고. 수많은 사임과 임명이 반복됐지만, 문고리 하나 바꾸지 않은 집에서 '지속'이라는 말의 품위를 배웠다.

정부가 바뀌고, 사람들이 바뀌어도 한 자리에 오래된 가구가 있다는 게 위안이 됐다. 역사가 끊기지 않고 이어져 내려오는, 끝나지 않는 이야기처럼.

여전히 바뀌지 않은 문고리가, 다음 사람에게 첫 악수를 내민다. 그 손엔 이곳을 거쳐간 시간이 쥐어져 있다.

· 에필로그 ·

기록은 스스로
쓰일 자리를 찾아온다

2025년 여름, 청와대는 다시 변화를 준비한다.

출입문을 지났다. 익숙한 풍경인데도 문득 처음처럼 그 풍경을 바라보게 되었다. 정부가 세 번 바뀌는 긴 시간 동안에도 문 손잡이는 같은 방향으로 열리고 있었다.

처음 이 문을 통과하던 날이 떠올랐다. 서류 봉투를 들고, 긴 복도에서 방향을 잃고, 낯선 공간에 들어선 날.

모든 첫 순간이 지나갔다고 믿었다. 하지만 다시 마주한 지금, 또 한 번 첫인상을 받았다. 공간도, 사람도 단 한 번만 낯설게 느껴지지는 않는다. 그것을 '두 번째 첫인상'이라 부르기로 했다.

청와대를 받쳐온 사람들은 늘 자신의 자리를 지키는 사람들이었다. 주목받지 않지만, 없으면 공백이 느껴지는 사람. 세상을 지탱하는 이들 대부분도 그렇다.

그래서 적어두었다. 나누었던 짧은 대화, 점심시간의 온기, 한 마리 잉어가 사라진 뒤 다시 채워진 아침, 청와대 낮의 풍경, 그 안에 존재하던 사람들에 대해. 다시 이 문을 열게 될 누군가에게 이 기록이 첫인상처럼 남았으면 한다.

기록은 언젠가 쓰일 자리를 스스로 찾아온다.

p.16 101경비단원의 뒷모습

p.22 청와대 온실

p.42 사이좋게 겹친 두 나라의 국기

p.41 청와대 사람들

p.48 청와대의 조경

p.113 청와대 풍경

p.82 주소는 청와대로 1

p.106 신라 금관 모양 벽등

p.105 샹들리에

p.109 서로 다른 곳을 보는 대통령들

p.108 날씨에 따라 바뀌는 청기와의 색

p.108 눈 내린 청기와

p.106 황금 테두리를 두른 콘센트 커버

p.110 영빈관 조명

p.123 그녀가 서 있던 분수대

p.107 '산테리아'라고 적힌 스위치

p.120 검정으로 가득 찬 옷장

p.127 대통령비서실 도장이 찍힌 책들

p.187 청와대 고양이들

p.188 청와대 고양이: 용주, 지미

p.188 청와대 고양이: 마이클

p.209 넘어가지 않는 달력

p.199 30년 된 청와대 공용 우산

p.210
비서실 입구 대리석 기둥에 쓰인
'저축'과 '절약'

청와대 사람들

초판 1쇄 발행 2025년 7월 9일

지은이 강승지
펴낸이 김선준, 김동환

편집이사 서선행
책임편집 오시정 **편집3팀** 최한솔, 최구영
디자인 정란 **일러스트** 최광렬
마케팅팀 권두리, 이진규, 신동빈
홍보팀 조아란, 장태수, 이은정, 권희, 박미정, 조문정, 이건희, 박지훈, 송수연, 김수빈
경영관리 송현주, 윤이경, 임해랑, 정수연

펴낸곳 페이지2북스
출판등록 2019년 4월 25일 제 2019-000129호
주소 서울시 영등포구 여의대로 108 파크원타워1, 28층
전화 070)4203-7755 **팩스** 070)4170-4865
이메일 page2books@naver.com
종이 월드페이퍼 **인쇄** 더블비 **제본** 책공감

ISBN 979-11-6985-147-3 (03810)

• 책값은 뒤표지에 있습니다.
• 파본은 구입하신 서점에서 교환해 드립니다.
• 이 책은 저작권법에 의하여 보호를 받는 저작물이므로 무단 전재와 복제를 금합니다.